P9-AQE-362

Escales

Méthode de français

JACQUES BLANC

JEAN-MICHEL CARTIER

PIERRE LEDERLIN

Centre de ressources de la Faculté d'éducation
Université d'Ottawa - University of Ottawa
Faculty of Education Resource Centre

CLE
INTERNATIONAL

448.2421
.B53
2001

© CLE International/HER, 2001.
ISBN : 209-033153-4

AVANT-PROPOS

ESCALES s'inspire largement des propositions du Conseil de l'Europe: « Les langues vivantes: apprendre, enseigner, évaluer. Un Cadre européen commun de référence » (Strasbourg, 1998).

C'est une méthode **communicative** en ce qu'elle attribue un rôle central à l'apprentissage par la communication, en proposant de passer progressivement d'activités systématiques et guidées de découverte et d'apprentissage à de véritables tâches de communication dans un contexte *culturel*. Sa progression est construite autour de savoir-faire langagiers présentés clairement en début de leçon et dont l'acquisition se vérifie dans les tâches de communication.

C'est une méthode **novatrice** qui met en œuvre les principes mis au jour par les recherches sur les apprentissages: l'apprenant, *actif*, doit pouvoir accéder rapidement à une certaine *autonomie* en développant une aptitude à la découverte et en prenant en charge son propre apprentissage.

C'est une méthode **construite et organisée** en particulier grâce à la distinction nette des activités, correspondant à *des savoirs et savoir-faire variés*: production orale, production écrite, activités interactives et activités de médiation. Elle s'attache tout particulièrement à distinguer les types de discours que les apprenants auront à savoir produire de ceux qu'ils devront essentiellement comprendre, ce qui permet de présenter une *langue authentique* appartenant à *différents registres* et pas seulement au « français standard ».

Facile à utiliser grâce à des activités récurrentes, c'est aussi **une vraie méthode pour débutants** qui est, de ce fait, *très rigoureuse quant à la progression*. Elle permet l'acquisition d'une compétence de communication permettant de se débrouiller dans les situations les plus courantes.

ESCALES **1** comporte 4 groupes de 5 ou 6 unités (leçons). La métaphore du voyage développée pour le titre et pour dénommer les différents moments et activités a été choisie pour suggérer l'idée de parcours, d'exploration et de découverte.

■ Une UNITÉ est organisée en quatre temps:

• Les BAGAGES proposent des activités de découverte et de systématisation: ce sont des micro-tâches permettant d'acquérir des savoir-faire linguistiques et discursifs.

• Les PARCOURS permettent de regrouper ces savoir-faire dans des tâches guidées.

• Les SORTIES ont un double objectif:

– développer des stratégies de compréhension (écoute et lecture) partielle ou globale;

– acquérir une compétence socioculturelle par la rencontre de documents authentiques variés, allant du quotidien au littéraire.

Ce sont des documents qui ne sont proposés qu'en compréhension: ils ne donnent pas lieu à des activités de production parce que l'éventail de ce qu'on doit être capable de comprendre dans une langue vivante est nécessairement plus large que celui de ce qu'on doit savoir produire.

• Les AVENTURES sont le point d'aboutissement: y sont proposées des activités uniquement communicatives, dont certaines demandent aux apprenants de réagir sans pouvoir se préparer à ce qu'un autre apprenant ou un enregistrement va énoncer. Il s'agit donc de situations de communication proches de l'authentique, et donc très motivantes, favorisant des stratégies de communication spontanée. D'autres activités, de production écrite, permettent au contraire aux étudiants de planifier leur communication. Dans tous les cas, ces activités invitent à une auto-évaluation de la compétence de communication et justifient les apprentissages qui les ont précédées.

■ Chaque groupe de 5 ou 6 unités est ponctué par une ESCALE qui ne comporte aucune nouveauté et permet de faire le bilan des compétences acquises. Elle comprend une fiche d'auto-évaluation (linguistique et communicative) et des lectures dont une bande dessinée à épisodes.

ESCALES est un ensemble de deux niveaux d'apprentissage du français destiné aux adultes et grands adolescents. Chaque niveau est prévu pour une durée d'utilisation de 120 heures ou plus et comprend: un livre de l'élève, un cahier d'exercices accompagné d'un CD, un livre du professeur et des cassettes pour la classe.

OBJECTIFS D'APPRENTISSAGE ET CONTENUS

OBJECTIFS D'APPRENTISSAGE	CONTENUS	
	Grammaire	Savoir-faire
0. Votre attention, s'il vous plaît ! Faire connaissance avec le français, la francophonie, la géographie en français, la France, la classe de français.	• Sons et graphies du français	• Situer le français et la francophonie. • Réagir en cours de français.
1. Pardon ? Vous êtes … ? Prendre contact, saluer, se présenter, demander la nationalité de quelqu'un, faire répéter, répondre à une question.	• *être, s'appeler* • Accord masculin / féminin • Nationalités	• Chercher à rencontrer des gens. Dire qui on est, demander qui est qui. • Saluer (1).
2. Vous êtes d'où ? Se présenter, demander à quelqu'un de se présenter (nom, origine, nationalité), présenter quelqu'un (1), saluer, adresser la parole.	• *venir / aller* • *D'où ? de… d'…* • *Moi, je / lui, il / elle, elle / vous, vous*	• Dire / Demander qui on est et d'où on vient. • Commencer à parler à quelqu'un. • Saluer (2), dire / demander comment on va.
3. J'adore… ! Parler de ses goûts et loisirs (1).	• Aimer / Adorer / Détester • Négation • *oui, non, si* • Articles défini / indéfini et contracté (1) : *au(x)*	• Donner son sentiment sur quelque chose ou sur une activité.
4. Vous parlez d'autres langues ? Parler de ses goûts et loisirs (2), dire quelles langues on parle, présenter quelqu'un (2).	• Genre et nombre • *apprendre, comprendre* • *un peu, beaucoup, pas du tout, bien*	• Faire part de ses centres d'intérêt et s'informer sur ceux des autres. • Dire / Demander quelles langues on parle • Présenter quelqu'un à une autre personne.
5. Comment ça s'écrit ? Dire et comprendre les nombres de 0 à 69, épeler et demander comment ça s'écrit, demander à parler à quelqu'un au téléphone.	• *connaître* • Alphabet • Nombres de 0 à 69	• Préciser / Faire préciser orthographe, nombres et numéros. • Prendre contact et se présenter au téléphone.
6. Quelles sont vos coordonnées ? Dire / Demander des coordonnées (numéro de téléphone, adresse), dire et comprendre les nombres de 69 à 100, dire qu'on ne comprend pas, demander de répéter.	• *avoir, pouvoir, dire* • Adjectifs possessifs (sauf *notre / nos*) • Nombres de 69 à 100 • *venir de / aller* et *habiter à* + ville	• Indiquer / Demander adresse et numéro de téléphone. • Faire répéter son interlocuteur
7. Et le travail, ça va ? Parler de profession, situer géographiquement (1).	• *vouloir, savoir, faire* • *En, au, aux* + nom de pays • *D'où ? de, du, des* + nom de pays	• Dire / demander ce qu'on fait (travail et profession) et donner son appréciation.
8. Ça fait combien ? Dire et comprendre les nombres de 100 à 1 000 000 000, parler de monnaies, de change, demander un renseignement, prendre congé (1).	• *partir, devoir* • Défini contracté *du / des* • Nombres de 100 à 1000 000 000, virgule, demi	• Demander un renseignement. • Prendre congé (1).
9. On se dit tu ? Tutoyer et vouvoyer, interroger, demander l'âge, parler d'études.	• *Tu,* et possessifs *ton, ta tes* • Accord de *quel* et des adj. qualificatifs • Pronoms toniques: *moi, toi, lui, eux…* • Les trois formes interrogatives	• Saluer selon que l'on vouvoie ou tutoie. • Donner / Demander des informations personnelles (âge, goûts, activités pratiquées, études suivies).
10. Mais qu'est-ce qu'ils font ? Présenter ses activités quotidiennes, préciser l'heure, le moment de la journée, le jour, la durée.	• Pronoms *le, la, les* COD • Quand : *avant, après, à, vers…* • L'heure • Matin, après-midi, soir… • Jours et semaine • Expression de la durée	• Informer / S'informer sur les horaires et les dates.
11. C'est un petit village… Expliquer où se trouve un lieu, demander son chemin dans une ville ou un village.	• Articles définis contractés (2) • Article indéfini + négation • Les ordinaux. • Le passé composé (en compréhension) • Les déplacements: *tout droit…, traverser…*	• Se situer et localiser en ville. • S'informer / Informer sur le chemin ou la direction à prendre.
12. J'ai besoin de changer d'air ! Présenter ses projets et ses intentions, préciser la date et la saison, expliquer ses choix, parler du temps qu'il fait et de vacances.	• Le futur proche • Les pronoms *en / y* (lieu) • Les démonstratifs	• Parler du temps qu'il fait (1) et donner son appréciation. • Parler de ses activités prochaines ou futures et situer dans le futur.

13. Ça vous dirait de venir avec nous ? Proposer, inviter, accepter, refuser, prendre rendez-vous (avec un médecin, un dentiste...), parler de ses occupations quotidiennes et de ses loisirs.	• *nous* (et **on* utilisé pour *nous*) • Négations • Négations et pronoms compléments *le* et *y*	• Exprimer la fréquence à propos de ses activités et de ses loisirs. • Inviter / réagir à une proposition ou une invitation. • Prendre rendez-vous.
14. Tu as vu leur programme ? Parler de ses activités au passé, s'informer sur des programmes et horaires.	• Le passé composé • Le passé composé et négation + pronom	• Situer dans le passé (1). • Informer / S'informer sur un programme ou un horaire. • Se présenter par écrit (curriculum vitae).
15. C'est comme ça, chez vous ? Présenter une région ou une ville, situer géographiquement (2), quantifier, comparer.	• L'accord des adjectifs • Le comparatif • L'approximation : *presque, environ, assez*	• Indiquer la situation et l'orientation. • Informer / S'informer sur une ville ou une région (données physiques et humaines). • Comparer.
16. On y va comment, à Barbizon ? Comprendre et expliquer où se trouve un lieu (situer et s'orienter, 3), conseiller, prendre congé (2), montrer sa surprise.	• L'impératif • Le superlatif • Déplacements : *en (voiture...)* / *à (pied...)*	• Se situer et localiser en dehors des villes. • Exprimer sa surprise. • Demander / Donner un conseil. • Prendre congé (2), annoncer son départ.
17. Il n'y a plus de saison ! Parler de la pluie et du beau temps, de l'avenir, parler d'activités liées au climat et à la saison.	• Le futur simple • L'imparfait • La condition (*si* + présent) • *quel* (exclamatif)	• Décrire : les couleurs. • Parler du temps qu'il fait (2) et fera, donner son appréciation. • Parler pour ne rien dire (de la pluie et du beau temps).
18. Vous avez goûté nos spécialités ? Parler d'aliments, comprendre un menu, proposer, accepter, refuser, insister, conseiller	• Articles partitifs • Quantité et négation + *de* • Le pronom *en* (complément d'objet direct) • *trop / assez / pas assez (de)*	• Informer / S'informer sur les habitudes alimentaires. • Proposer, accepter, refuser, insister. • Conseiller, recommander, accepter (en hésitant ou non) de suivre un conseil.
19. Qu'est-ce que vous voulez dire ? Téléphoner, préciser, expliquer, se faire préciser ou expliquer, raconter une conversation.	• Le discours indirect • Les pronoms compléments indirects • Les pronoms relatifs *qui, que, où*	• Se débrouiller au téléphone. • Se débrouiller face à des difficultés de communication : faire répéter ou expliquer, rapporter ce que dit ou veut dire quelqu'un.
20. C'était comment ? Décrire et localiser des objets et des personnes, raconter au passé (1).	• Le passé récent • Imparfait / passé composé (1)	• Localiser et décrire un objet, une personne. • Décrire en comparant. • Situer dans le passé (2).
21. Comment vous avez fait ? Expliquer l'usage et le fonctionnement d'un objet.	• Impératif, infinitif et négation • *avec / sans* + nom • *en* + part. présent / *sans* + infinitif • Les pronoms personnels compléments indirects	• Demander / Expliquer à quoi sert un objet. • Demander / Expliquer comment on fait.
22. Finalement, j'ai choisi... Parler de sa vie, expliquer ses choix, se plaindre, se réjouir, raconter au passé (2).	• Imparfait / passé composé (2) • *depuis / il y a* • *C'est... qui / que*	• Se plaindre, se réjouir. • Expliquer ses choix, ses décisions.

VOTRE ATTENTION, S'IL VOUS PLAÎT

OBJECTIFS : faire connaissance avec le français, la francophonie, la géographie en français, la France, la classe de français.

1. Le français

Faites une liste des mots français ou d'origine française que vous connaissez ou que vous utilisez dans votre langue.

2. Géographie du monde en français

Quels sont les pays où on parle français ?
Situez ces pays sur la carte du monde francophone (intérieur de la couverture).

3. Géographie de l'Europe en français

Comparez !
Ça s'écrit comme ça dans votre langue ?
Ça se dit comme ça dans votre langue ?

4. Géographie des langues en France

Au nord, au sud, à l'est, à l'ouest, ils sont français mais ils parlent aussi une autre langue.

**Quelle est la phrase en alsacien, en occitan, en… ?
Essayez de deviner.**

Français : Mon tailleur est riche.
a. Minner schnieder isch risch.
b. U me taillore e ricchu.
c. Pinvidik eo va c'hemener.
d. Myn kleesmaker ess rycke.
e. Lo meu talhur es ric.
f. Ene dendaria aberatsa da.

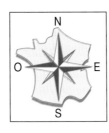

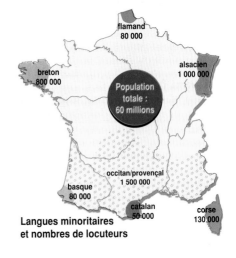

Langues minoritaires et nombres de locuteurs

5. Géographie : la France d'outre-mer

Regardez encore la carte du monde francophone (intérieur de la couverture).
Il y a d'autres Français dans le monde : c'est la France d'outre-mer.

Écoutez : où sont les 6 villes du programme de radio ?
« Ici RFO, Radio France Outre-mer, bonjour ! »

6. Géographie des villes

Regardez la carte de France (intérieur de la couverture) et écoutez. Où sont ces 7 villes ?

7. Les sons du français

Écoutez.
[ã] s'écrit AN, AM, EN, EM, comme dans Fr**an**ce, l**an**gue, différ**en**t, **en**core, ch**am**pignon, t**em**ps.
[ɛ̃] s'écrit IN, IM, AIN, EN, EIN, UN, comme dans s**im**ple, bi**en**venue, alsaci**en**, m**at**in, m**ain**tenant, pl**ein**, auc**un**.
[ɔ̃] s'écrit ON, OM, comme dans m**on**de, n**om**.
[y] s'écrit U, comme dans s**u**d, bienven**u**e, men**u**.

8. La classe de français

Écoutez et faites correspondre ce que vous entendez avec les phrases écrites.

PARDON ? VOUS ÊTES... ?

OBJECTIFS : prendre contact, saluer, se présenter, demander la nationalité de quelqu'un, faire répéter, répondre à une question.

BAGAGES

1. Bonjour !

a. Observez :

SALUER	DIRE SON NOM	RÉPONDRE
– Bonjour !	– Je m'appelle...	– Moi, c'est...
– Bonsoir !	– Je suis...	– Très heureux/heureuse./Enchanté(e).

b. 📼 **Écoutez la conversation :**

– Bonjour, je m'appelle Luc Legrand.
– Pardon ?
– Je suis Luc Legrand.
– Ah ! Moi, c'est Hélène Grandjean.
– Très heureux.
– Enchantée.

c. 💬 **Saluez votre voisin(e) et présentez-vous.**

d. 💬 **Regardez la photo et jouez la conversation.**

Luc Gaut

Léa Roy

2. Une conversation difficile

a. Observez :

S'APPELER	ÊTRE
je m'appelle	je suis
il/elle s'appelle	il/elle est
vous vous appelez	vous êtes

b. Regardez le tableau pour compléter :

– Vous --- Legrand ?
– Oui, je --- Luc Legrand.
– Moi, je m'--- Sébastien Davoine.
– Pardon ? Vous vous --- comment ?

c. 📼 **Écoutez la conversation :**

– Bonjour, je suis Marcel Pagnol.
– Pardon ? Vous vous appelez Marcel Pagnol ?
– Oui, je m'appelle Marcel Pagnol !
– Ah ! Moi, je m'appelle Victor Hugo.
– Pardon ? Vous...

d. 💬 **Continuez la conversation, puis jouez d'autres conversations mais vous entendez mal.**

3. Il est français ?

a. Observez :

NATIONALITÉS		
Il est français ou canadien ? Elle est française ou canadienne ?		
la France : français(e)	l'Italie : italien(ne)	l'Espagne : espagnol(e)
le Portugal : portugais(e)	le Canada : canadien(ne)	l'Allemagne : allemand(e)
la Finlande : finlandais(e)	le Brésil : brésilien(ne)	la Belgique : belge
l'Angleterre : anglais(e)	l'Europe : européen(ne)	la Suisse : suisse
le Mexique : mexicain(e)	la Suède : suédois(e)	la Grèce : grec/grecque
les États-Unis : américain(e)	la Chine : chinois(e)	la Turquie : turc/turque

b. Vérifiez que vous comprenez en choisissant la nationalité. *Exemple : Elle est ~~américain~~/suédoise.*

1. Il est espagnol/anglaise. • 2. Elle est grec/grecque. • 3. Elle est canadien/danoise. • 4. Elle est belge/portugais. •
5. Il est turc/italienne. • 6. Elle est japonais/coréenne. • 7. Elle est allemande/finlandais. • 8. Il est mexicaine/américain.

4. Pardon ? Vous êtes espagnol ?

a. Observez :

MASCULIN : UN HOMME ♂	**FÉMININ : UNE FEMME** ♀
Il est étran**ger**, c'est un Américain.	**Elle** est étran**gère**, c'est une Américaine.
Il est enchan**té**/très heureux.	**Elle** est enchan**tée**/très heureu**se**.

b.  Écoutez : on parle d'un homme ou d'une femme ?

	Homme	Femme	?
a			
b			
c			
d			

c. 📢 💬 Lisez la conversation de la photo puis écrivez d'autres conversations et jouez-les :

Marcel Pagnol/espagnol → Didier Langlais/anglais
- Paul Honnet/... - Erika Nadienne/... - Chantal Mandes/... - Jeanne-Marie Kaine/... - Jean-Paul Tuguet/...

N.B. *Femmes :* Erika, Chantal, Jeanne-Marie - *Hommes :* Marcel, Didier, Paul, Jean-Paul.

MEC OU NANA ?

* Mec ou nana ? = Homme ou femme ?

BONJOUR, JE SUIS MARCEL PAGNOL.

PARDON ? VOUS ÊTES ESPAGNOL ?

NON, JE M'APPELLE PAGNOL.

5. Je ne sais pas...

EUH... ATTENDEZ... CANADIEN PEUT-ÊTRE ?

JE NE SAIS PAS, DÉSOLÉ.

a. Observez :

POSER UNE QUESTION	RÉPONDRE À UNE QUESTION
– **Dites**, Villeneuve, il est de quelle nationalité ?	– **Euh, je ne sais pas, attendez...** canadien, **peut-être ?** / canadien, **je crois !** – Je ne sais pas, (je suis) désolé(e).
– Et Alesi, il est canadien ?	– **Oui/non.**

b. 🔲 🗨️ **Écoutez la conversation puis jouez-la à trois.**

c. ✏️ 🗨️ **Complétez la liste avec une nationalité supposée, puis discutez.**

Exemple :
– Chen, il est de quelle nationalité ?
– Euh... attendez, chinois, je crois...
– Peut-être coréen ?

3ᵉ RENCONTRE INTERNATIONALE

Les AMATEURS de CHOCOLAT

BRUXELLES

Liste des participants

Nom	Prénom	Nationalité
Chen	Guan Gyi	....
Goodman	Perry	....
Jombwe	Jonas	....
Jouhari	Karim	....
Jourdan	Axelle	....
Nicolopoulou	Maria	....
Park	Myung Sun	....
Rohmer	Johanna	....
Rossi	Luciana	....
Sanchez	Jose	....
Sidorowa	Irina	....

PARCOURS

1. Puzzle

Reconstituez les phrases.

Exemple : Antoine. / Bonjour, / m'appelle / je ➜ Bonjour, je m'appelle Antoine.

a. belge. / C'est / est / Européen, / il / un
b. canadienne, / crois. / Elle / est / je
c. Anglais / anglais ? / appelez / êtes / ou / Vous / vous / vous

2. Rencontre

Reconstituez la conversation, puis jouez-la et écoutez-la.
– Ah ! Enchantée ! Moi, c'est Muriel Bernardi.
– Bonjour, vous êtes Thierry Fournel ?
– Je m'appelle Muriel Bernardi.
– Non, je suis Luc Jannin.
– Pardon ?
– Très heureux.

3. Quelle nationalité ?

Complétez la conversation, puis écoutez-la et jouez-la.
– Céline Dion, elle --- belge ?
– Euh, attendez, je ne --- pas.
– Ah non ! Elle est ---.
– Ah ? --- est canadienne ?
– Oui.

4. Conversation difficile

a. **Lisez le début et la fin de cette conversation. Imaginez et écrivez la partie qui manque (3 répliques).**
– Bonsoir, je suis Julie Talienne.
– ---
– ---
– ---
– Non, je m'appelle Talienne. Julie Talienne.
– Ah ! Enchanté ! Moi, je suis Dan Noah.

b. **Écoutez ensuite la conversation puis jouez-la.**

N.B. Il n'est pas nécessaire de tout comprendre !

I. Messages

🔊📝 **Notez les prénoms que vous entendez (regardez dans l'annuaire) :**

a. ....

b. ....

c. ....

MANIN Jean-Paul 25 r Molière	04 25 53 94 39
MARÉCHAL Caroline 14 pl Marché	04 27 62 78 16
MARTINET François 48 av Félix-Faure	04 26 55 47 32
MASSENOT Nicole 48 r Bernard-Thomas . .	04 25 43 78 38
MAUGIN Sabrina 42 r Écoles	04 23 42 12 27
MAZURET Vanessa 25 r Peupliers	04 28 90 81 13
MESTRE Bruno 13 r Moulin	04 28 93 89 05
MÉTIVET Florence 2 pl Kléber	04 26 73 50 12
MICHAT Didier 23 av Raspail	04 23 48 32 49
MIENVILLE Jeanne 71 r Paris	04 27 48 57 28
MIQUEL Antoine 43 r Michel-Ange	04 25 40 47 20
MONFORT Catherine 92 bd Jean-Jaurès	04 28 43 31 54
MORET Renaud 35 r St-Charles	04 27 39 98 70
MURAT Sandrine 46 rue Richard-Lenoir	04 26 43 26 12
MURCIER Olivier 56 r Paix	04 25 24 98 71
MUZENAT Jacques 140 bd Gabriel-Péri	04 27 38 14 87

2. Conversations

🔊📝 **Notez les nationalités que vous entendez :**

a	
b	
c	
d	
e	

3. Théâtre (Extrait de *Marius* de Marcel Pagnol, éd. Fasquelle, 1946.)

📝 **Notez les noms des deux personnes qui parlent à la place des ---.**

– Bonjour, Norine. Ça a marché ce matin ?

– Comme d'habitude. [...]

– Dites, Norine, vous viendrez encore au cabanon, dimanche ?

– Au cabanon ? Oh ! dites, Panisse, ça fera deux fois en quinze jours !

I. Qu'est-ce qu'ils peuvent dire ?

Que diriez-vous à leur place ?

2. Le répondeur

Vous entendez ce message sur répondeur. Qui avez-vous appelé ? (Regardez l'annuaire.)

*BONJOUR !
C'EST JULIE...*

DUBOIS Gérard 25 av Bretagne	. . . .	02 23 71 56 55
DUBOURG Marguerite 32 r Georges-Bizet	. . . .	02 24 31 39 18
DUBREUIL Corinne 128 r Jean-Lurçat	. . . .	02 21 48 02 15
DUFOURT Patrick 4 quai République	. . . .	02 28 75 30 49
DUJARDIN Christine 72 r Brunel	. . . .	02 24 78 64 80
DULLIN Sylvie 3 pl Nationale	. . . .	02 23 08 42 35
DULONG Carole 52 r Poussin	. . . .	02 24 15 92 36
DUMARAIS Philippe 35 r La Fontaine	. . . .	02 24 78 64 80
DUMARTIN Jacques 47 r Convention	. . . .	02 26 92 35 13
DUMAS François 42 av Gambetta	. . . .	02 27 43 37 62
DUMAZAUD Dominique 14 r Église	. . . .	02 26 05 99 40
DUMONT Martine 87 bd Strasbourg	. . . .	02 27 74 18 71
DUMOURET Michel 57 r Château	. . . .	02 25 45 99 38
DUNAND Pascal 28 r Legendre	. . . .	02 23 84 53 51
DUREL Marie-Laure 22 bd Gén Leclerc	. . . . . .	02 26 69 83 17
DUVAL Étienne 95 r Acacias	. . . .	02 25 67 43 15

3. Rencontre dans un congrès

Choisissez un rôle (A ou B) et regardez les fiches de jeux de rôles (A, p. 154 ; B, p. 156) avant de jouer.

VOUS ÊTES D'OÙ ?

OBJECTIFS : se présenter, demander à quelqu'un de se présenter (nom, origine, nationalité), présenter quelqu'un (1), saluer, adresser la parole.

BAGAGES

ı. Ils viennent d'où ?

a. Observez :

VENIR	D'OÙ ?
je viens, il/elle vient	*– Je viens **de** Madrid, et vous ? – Moi, je viens **d'**Oslo.*
vous venez, ils/elles viennent	**de + a, e, i, o, u, y ➔ d'**

b. Vérifiez que vous comprenez en complétant comme dans l'exemple. *Exemple :* Il *vient de* Genève.
1. Elle --- Anvers. • 2. Ils --- Montréal. • 3. Il --- Abidjan. •
4. Elles --- Lisbonne.

c.  **À l'aéroport. Écoutez la conversation :**
– Je viens de Madrid, et vous, vous venez d'où ?
– Moi, je viens d'Oslo.

d.  **Jouez d'autres conversations :**
Madrid/Oslo ➔ Abidjan/Montréal - Izmir/Ankara -
Francfort/Athènes…

2. Présentations

a. Observez :

SE PRÉSENTER/DEMANDER DE SE PRÉSENTER		
demander/dire son nom	– Comment vous appelez-vous ? – Comment (est-ce que) vous vous appelez ?	– Je m'appelle *Michel Bertrand*.
	– Quel est votre nom/prénom ?	– Mon nom est *Bertrand*, mon prénom est *Michel*.
demander/dire sa nationalité	– Vous êtes de quelle nationalité ? – Quelle est votre nationalité ?	– Je suis *français/française*. – *Française*.
demander/dire d'où on vient	– Vous êtes d'où ?	– Je suis de Lyon.
	– Vous venez d'où ?	– D'Orléans.

b. Vérifiez que vous comprenez en complétant avec être, s'appeler **ou** venir.
1. – Je --- Martin, je --- de Lyon. – Moi, je --- Maud Auger, je --- suisse. • 2. – Vous --- anglais ? – Non, je --- américain, je --- de Boston. • 3. – Vous --- d'où ? – Je --- d'Ankara. • 4. – Ils s'appellent comment ? – Ils --- John et Elisabeth Martin, ils --- anglais, de Londres.

c. 🔈 Rencontre internationale.

Écoutez la conversation :
– Bonjour… Vous vous appelez comment ?
– Bonjour, je m'appelle Michel Bertrand.
– Pardon ?
– Michel Bertrand.
– Bertrand, c'est votre nom ?
– Oui, et mon prénom est Michel.
– Oui… Vous êtes d'où ? De Lyon ?
– De Lyon, oui, c'est ça.
– Merci.

d. 🗨 **Jouez d'autres conversations (regardez la liste).**

5ᵉ RENCONTRE INTERNATIONALE

Liste des participants

BERNARD Frédéric	Orléans (France)
BERTRAND Michel	Lyon (France)
GRANDJEAN Séverine	Montréal (Canada)
ERIKSSON Lina	Stockholm (Suède)
MOUNSIF Wania	Belem (Brésil)
VANHULLE Virginie	Bruxelles (Belgique)
SCARI Ugo	Milan (Italie)

> MOI, *J'SUIS *D'PARIS, *OUAIS !

* j'suis = je suis.   * d'Paris = de Paris.   * ouais = oui.

3. Euh… pardon…

a. Observez :

Pour commencer à parler
– Dites…
– Excusez-moi…
– Pardon…
Au téléphone : – Allô !

b. 🔈 **Au téléphone. Écoutez la conversation :**
– Allô, Nathalie ? Dites, Ugo Scari, il est de quelle nationalité ?…

🗨 **Puis jouez d'autres conversations (regardez à nouveau la liste des participants à la rencontre internationale).**
Ugo Scari ➜ Lina Eriksson…

4. Ça va ?

a. Observez :

POUR SALUER	
– Bonjour ! Bonsoir !	– Bonjour Marie ! Bonsoir Luc !
– Bonjour, monsieur/madame/mademoiselle.	– Bonjour, monsieur/madame/mademoiselle !
– Vous allez bien ?	– Ça va, et vous ?
– Comment allez-vous ?	– Je vais bien, merci, et vous ?
	– Très bien, merci.

ALLER
je vais
il/elle va
ça va
vous allez
ils/elles vont
Pour la conjugaison complète, voir p. 173.

b. 📼 **Écoutez la conversation, et mettez les éléments dans l'ordre :**

Vous allez bien ? / Comment allez-vous ? / Bien, merci ! / Ah, tiens ! madame Germain ! / Ça va, ça va et vous ? / Bonjour, monsieur !

c. 🗨 **Jouez d'autres conversations.**

5. Moi, je suis d'ici. Et vous ?

a. Observez :

PRONOMS
Moi, je suis de Lyon.
Lui, il est de Rome.
Elle, elle est de Milan.
Vous, vous êtes d'Oslo ?

> VOUS ÊTES D'OÙ, VOUS ?

> MOI, *BEN… J'SUIS D'ICI !

* ben = eh bien.

> TIENS ! LUI, IL VIENT D'ANGLETERRE !

b. Vérifiez que vous comprenez en complétant la conversation :

– Vous êtes d'où, vous ?
– --- ? Je suis de Marseille, et --- ?
– ---, je suis de Moscou.
– Ah ! Et --- ?
– ---, il est d'Oslo.
– Et --- ?
– ---, elle s'appelle Elle et elle est de Bruxelles.

c. 🗨 **Jouez la conversation à quatre.**

PARCOURS

1. Puzzles

Reconstituez les phrases.

Exemple : bien, / et / Je / merci, / vais / vous ? ➜ Je vais bien, merci, et vous ?

a. de / et / Il / il / Nakata / s'appelle / Tokyo. / vient
b. Athènes, / d' / est / Il / oui.
c. Bonjour, / Catherine / et / ici / Laurent / Legrand.
d. bien, / et / Hugo ? / Ils / Lucie / oui. / vont

2. Rencontre

Complétez et jouez la conversation :
– Bonjour, --- Jackeline Gonzales.
– Pardon ? Vous --- comment ?
– Jackeline Gonzales. Et --- ?
– Lidia Wröbel.
– Ah ? Vous --- ?
– Non, polonaise.

3. Au téléphone (portable)

Vous êtes à côté de quelqu'un, son téléphone portable sonne.
Écoutez puis imaginez (jouez) ce que dit l'autre personne.

4. Logo-rallye

Faites une phrase où entrent les mots suivants (dans l'ordre ou le désordre).

Exemple : être / nationalité / monsieur ➜ Monsieur, vous êtes de quelle nationalité ?

a. sais / suis / désolé(e)
b. venir / elle / elle / de
c. bien / vous / merci

N.B. Il n'est pas nécessaire de tout comprendre !

I. Film (Extrait de *Ville de nuit*, film de Guillaume Terrasse, 2000.)

Qui parle ?

Monsieur Dessème ❑
François Chauvin ❑
Monsieur Pagès ❑

2. Messages

Ils viennent d'où ? Faites correspondre les lettres de message et les provenances.

A
B
C
D

MILAN

LYON

ATHÈNES

LISBONNE

3. Poésie (Extrait de « Choses et autres » dans *Frontières*, de Jacques Prévert, éd. Gallimard, coll. Folio, Paris, 1972.)

– Votre nom ?
– Nancy.
– D'où venez-vous ?
– Caroline.
– Où allez-vous ?
– Florence.
– Passez.

Vous connaissez Nancy, Caroline et Florence ?

4. Humour (Extrait de *Le Chat* de Philippe Geluck, Casterman, 1986.)

**Ce dessin amuse les Français.
Et vous ?**

1. Un message sur votre répondeur

📼 Vous arrivez chez vous avec votre amie Lydia qui est polonaise.
Vous trouvez ce message sur votre répondeur. Qu'est-ce que vous faites ?

2. Qu'est-ce qu'ils peuvent dire ?

Que diriez-vous à leur place ?

3. Un congrès

A travaille à l'accueil d'un congrès. Des participants (B) arrivent. Choisissez un rôle (A ou B) et regardez les fiches de jeux de rôles (A, p. 154 ; B, p. 156) avant de jouer.

4. Présentations

Réunion de travail : tour de table.
Choisissez une identité (nom, prénom, nationalité, origine) et présentez-vous.

J'ADORE...!

OBJECTIFS : parler de ses goûts et de ses loisirs (1).

BAGAGES

I. J'adore ça!

a. Observez :

AIMER ❤	ADORER ❤❤❤	DÉTESTER ❤❤❤
j'aime	j'adore	je déteste
il/elle aime	il/elle adore	il/elle déteste
on aime	on adore	on déteste
vous aimez	vous adorez	vous détestez
ils/elles aiment	ils/elles adorent	ils/elles détestent

b. 📼 💬 **Écoutez puis jouez la conversation :**
– Vous aimez voyager ?
– Ah, les voyages, les voyages… ! J'adore ça !
– Et vous aimez lire ?
– Ah, les livres, les livres…
– Vous adorez aussi ?
– Non, je déteste lire !
– Et vous aimez l'opéra ?
– Ah, l'opéra, l'opéra, l'opéra…
– Vous détestez aussi l'opéra ?
– Non, au contraire, jeune homme ! J'adore ça !

c. 🔊 **Complétez :**
Elle --- voyager, elle --- lire, elle --- l'opéra.

d. 🔊 **Et vous ?**
Moi, --- voyager, --- lire, --- l'opéra.

2. Ils aiment...

a. Observez:

L'ARTICLE DÉFINI		
masculin	féminin	pluriel
le monsieur	**la** dame	**les** Italiens
le cinéma	**la** télévision	**les** variétés
l'homme	**l'**exposition	**les** enfants

à + le ➜ au, à + les ➜ aux
*Il aime aller à l'opéra et **au** cinéma.*
*Elle joue **aux** cartes.*

L'ARTICLE INDÉFINI		
masculin	féminin	pluriel
un homme	**une** femme	**des** enfants
un film	**une** information	**des** musées

MANGER

Pour la conjugaison du verbe, voir p. 173.

b. Vérifiez que vous comprenez. Regardez le document « Les Français aiment » et dites si les noms sont masculins ou féminins.

Les Français aiment :

- regarder la télévision . . . . 82 %
  - les informations . . . . 85 %
  - les films . . . . 87 %
  - les variétés. . . . . 63 %
  - les reportages . . . . 48 %
  - les sports . . . . 53 %
  - la publicité . . . . 45 %
- écouter la radio . . . . 75 %
- lire le journal. . . . . 42 %
- manger au restaurant . . . . 56 %
- visiter des musées. . . . . 39 %
- danser . . . . 28 %
- le cinéma . . . . 34 %
- jouer aux cartes . . . . 22 %
- aller au théâtre. . . . . 18 %
- l'opéra . . . . 9 %
- la musique classique . . . . 11 %

EXCUSEZ-MOI, ON DIT LE OU LA SPORT ?

... SPORT, C'EST MASCULIN OU FÉMININ ?

	masculin	féminin	on ne sait pas
information			
publicité			
variété			
film			
cinéma			
restaurant			
musée			
carte			

MOI, J'ADORE LES ESCARGOTS ! PAS VOUS ?

c. 📟 Écoutez la conversation:
– Vous aimez le cinéma, vous ?
– Le cinéma... oui. Et vous ?
– Moi, je déteste le cinéma !

d. 🗨 Jouez d'autres conversations:
cinéma ➜ livres - sports - radio - musées - télévision -
cartes - musique classique...

3. Non, pas du tout !

a. Observez :

L'AFFIRMATION		LA NÉGATION
oui	≠	non
Il va à l'opéra.	≠	Il **ne** va **pas** à l'opéra.
J'aime la musique.	≠	Je **n'**aime **pas** la musique.
C'est un Anglais.	≠	Ce **n'**est **pas** un Anglais.
		ne + a, e, i, o, u, y ➜ **n'**

Oui/Non/Si	
– Il aime ça ?	– Oui, beaucoup.
	– Non, pas du tout !
– Il n'aime pas ça ?	– Si, au contraire, beaucoup.
	– Non, pas du tout !
– Ce n'est pas lui ?	– Si, c'est lui.

b. Vérifiez que vous comprenez en complétant :

1. – C'est un musée ? – Non, --- musée, c'est un théâtre.
2. – --- cinéma ? – Si, c'est un cinéma.
3. – Vous aimez la musique ? – ---, beaucoup.
4. – Vous lisez le journal ? – Non, je ---.
5. – Vous --- ? – Si, au contraire, je danse beaucoup.
6. – Vous jouez aux cartes ? – ---, pas du tout !
7. – Vous écoutez la radio ? – Non, ---.
8. – --- ? – Au contraire, j'aime beaucoup lire des livres.

c. 💬 Jouez la conversation puis continuez-la (répondez le contraire).

– Moi, j'adore les publicités à la télévision. Pas vous ?

– Ah non ! Au contraire, je déteste ça.

– Et vous n'aimez pas le sport ?

– Ah si ! Beaucoup ! Mais pas à la télévision !

4. Lui, il aime...

a. ✍️ Notez ce que vous aimez et ce que vous n'aimez pas.

b. 💬 Échangez vos notes puis parlez avec un(e) autre voisin(e) :

– Il/elle aime le cinéma ?

– Oui, ...

– Il/elle n'aime pas regarder la télévision ?

– Si..., mais il/elle n'aime pas les publicités.

– ...

PARCOURS

1. Puzzles

✍️ **Reconstituez les phrases :**

a. bien. / je / ne / Non, / pas / très / vais

b. à / aime / Elle / la / les / n' / pas / reportages / télévision.

c. aimez / classique ? / la / musique / n' / pas / Vous

d. espagnol. / est / est / il / il / italien, / n' / Non, / pas

e. C' / Canadien ? / crois / est / je / ne / Non, / pas. / un

f. à / aime / j' / la / les / mais / pas / Si, / sports, / télévision !

2. Moi, non, pas du tout !

🗨️ **Continuez la conversation au téléphone.**

– Moi, j'adore la musique classique, et vous ?

– Moi, non...

3. J'adore...!

🗨️ 📼 **Reconstituez la conversation, jouez-la puis écoutez-la.**

/ Italien ? J'adore les Italiens ! / Vous aimez le cinéma ? /

/ J'adore le cinéma italien... Dites, vous, vous êtes de quelle nationalité ? /

/ Oui, beaucoup. / Je suis italien. / Le cinéma français ? italien ? /

4. Petites annonces

🗨️ **L'homme et la femme qui ont écrit les petites annonces se rencontrent.**

Imaginez et jouez la conversation :

(Elle) – Moi, je suis de Paris, et vous ?

(Lui) – Moi, je suis...

LES PETITES ANNONCES

Particuliers femmes

■ **75. F. 45 a.** aime lire, théâtre, musique et restaurants, ch. H. pour partager arts, voyages et passion... Écrire journal, réf. 921/10T.

Particuliers hommes

■ **Suisse H. 50 a.** cult. dynamique, aime l'Italie et l'opéra, libre, ch. F. jolie, artiste, pour relation amoureuse. Photo si possible. Écrire journal, réf. 921/8A.

1. Interview d'une Gabonaise (Extrait, 2000)

Écoutez et répondez:
- Elle s'appelle comment?
- Elle vient d'où?
- Qu'est-ce qu'elle aime?

2. Radio (15 mai 2000)

Écoutez l'interview et complétez ou corrigez si c'est différent:
- Alors pour vous, les Français --- le cinéma?
- Oui, ils aiment le cinéma --- le cinéma... enfin... ils aiment le cinéma français... *(rires)*... En tout cas ils n'aiment pas du tout le cinéma américain. Bon, je crois... Mais les Américains ne s'intéressent pas beaucoup au cinéma français non plus... c'est... c'est --- c'est spécial le cinéma français pour les Américains, hein?

3. Message

Vous connaissez combien de nationalités mentionnées dans ce texte?

*T*a voiture est japonaise, ta pizza est italienne, et ton couscous algérien. Ta démocratie est grecque, ton café est brésilien, ta montre est suisse, ta chemise est indienne, ta radio est coréenne, tes vacances sont turques, tunisiennes ou marocaines, tes chiffres sont arabes, ton écriture est latine, et... tu reproches à ton voisin d'être un étranger!

Chanson de Julos Beaucarne.

4. Publicité

Cette publicité amuse les Français. Et vous?

1. Qu'est-ce qu'ils peuvent dire ?

Que diriez-vous à leur place ?

2. Le répondeur

🔊 **Vous entendez ce message sur votre répondeur.**
Vous avez appelé un…

3. Ils parlent de quoi ?

🔊 **Vous êtes dans un restaurant, vous entendez une conversation, mais vous n'avez pas entendu le début. Devinez de quoi ils parlent.**
IIs parlent de…

4. Conversation : qu'est-ce que vous aimez ?

Choisissez un rôle (A ou B) et regardez les fiches de jeux de rôles (A, p. 154 ; B, p. 156) avant de jouer.

VOUS PARLEZ D'AUTRES LANGUES ?

OBJECTIFS : parler de ses goûts et de ses loisirs (2), dire quelles langues on parle, présenter quelqu'un.

BAGAGES

1. Un journal ou des journaux ?

> OUI !

> VOUS LISEZ LE JOURNAL ?

> UN JOURNAL OU DES JOURNAUX ?

a. Observez :

MASCULIN SINGULIER	FÉMININ SINGULIER	MASCULIN PLURIEL	FÉMININ PLURIEL
le film **l'**homme	**la** femme **l'**Europe	**les** enfants	**les** variétés
un homme	**une** femme	**des** sports	**des** informations
il **est** enchanté	elle est enchanté**e**	ils **sont** enchanté**s**	elles **sont** enchanté**es**
c'est **un** Europé**en**	c'est **une** Europé**enne**	ce sont **des** Europé**ens**	ce sont **des** Europé**ennes**

b. Vérifiez que vous comprenez en complétant si nécessaire :

1. C'est --- film américain ? • 2. Elles sont italien---. • 3. Ce sont des journaux allemand---. • 4. Elle est désolé---. • 5. Ils sont enchanté---. • 6. Carole et Céline sont canadien--- . • 7. Le film ? --- est italien---. • 8. Monsieur et madame Durand --- ici. • 9. Non, --- ne viennent pas de Montréal. • 10. Mademoiselle Perrin est désolé---.

c.  C'est bizarre ! **Écoutez la conversation :**

– C'est une télévision, ça ?
– Mais oui ! C'est une télévision. Pourquoi ?
– Je ne sais pas… Elle est bizarre !
– Peut-être, mais c'est bien une télévision ! C'est la télévision de demain !

d. 🗨 **Jouez d'autres conversations :**

télévision ➜ restaurant – musée – radio – journal – livres cartes – journaux…

2. Un peu, beaucoup, passionnément... pas du tout !

a. Observez :

LIRE
je lis
il/elle/on lit
vous lisez
ils/elles lisent
Conjugaison complète, p. 174.

UN PEU, BEAUCOUP...
j'adore +++
j'aime beaucoup ++
j'aime, j'aime bien +
je n'aime pas beaucoup –
je n'aime pas – –
je déteste, je n'aime pas du tout – – –

b. 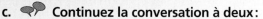 Jouez la conversation :

– Vous aimez la musique classique ?
– Ah non ! je déteste ça ! Et vous ?
– Moi, j'aime bien ça.
– Et vous lisez beaucoup ?

c. 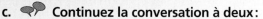 Continuez la conversation à deux :

Aimer la musique classique, lire beaucoup ➜ manger au restaurant – aller au cinéma, au théâtre – danser – etc.

* Un peu que j'aime ! = J'aime beaucoup/passionnément !

3. Qu'est-ce qui vous intéresse ?

a. Observez :

PARLER DE GOÛTS ET DE LOISIRS	
– Vous aimez le théâtre ?	– Oui, bien sûr !
– Qu'est-ce que vous aimez ?	– (J'aime) la musique, pas les musées.
– Qu'est-ce qui vous intéresse ?	– Le football, j'aime aussi le tennis.
– Les informations vous intéressent ?	– Non, ça ne m'intéresse pas.
– Qu'est-ce que vous aimez faire ?	– (J'aime bien) jouer aux cartes, c'est amusant, mais je n'aime pas lire.
– Qu'est-ce que vous n'aimez pas faire ?	– Je n'aime pas danser !
– Qu'est-ce que vous préférez, la danse moderne ou classique ?	– J'aime bien la danse classique, mais je préfère la danse moderne.

b. 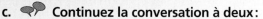 Une enquête.
Jouez et continuez la conversation :

– Excusez-moi, c'est pour une enquête.
– Oui ?
– Qu'est-ce qui vous intéresse ?
– Pardon ?
– Qu'est-ce que vous aimez faire ?
– J'aime… euh… j'aime bien aller au cinéma…

* j'suis très ciné = j'aime beaucoup le cinéma.
* j'suis pas très sport = je n'aime pas beaucoup le sport.

4. Vous parlez quelles langues ?

a. Observez :

DIRE/DEMANDER QUELLES LANGUES ON PARLE	
– Vous parlez français/allemand ?	– Oui, un peu./Non, pas du tout. – Un peu seulement.
– Vous parlez quelles langues ?	– Je suis arabe : je parle (l')arabe bien sûr, et (le) français. J'apprends aussi le grec.
– Vous parlez d'autres langues (étrangères) ?	– Je comprends un peu l'anglais. – Je parle seulement (le) français.

COMPRENDRE/APPRENDRE
je comprends/j'apprends
il/elle comprend/apprend
vous comprenez/apprenez
ils/elles comprennent/apprennent
Pour la conjugaison complète, voir p. 174.

b. Vérifiez que vous comprenez en choisissant ou en complétant :

1. Il comprend/comprennent le chinois. • 2. Elle parle/parlez seulement anglais. • 3. Vous ne comprenez/comprends pas l'arabe ? • 4. Elles apprend/apprennent quelles langues ? • 5. Je comprenez/comprends un peu. • 6. Je suis grec, je --- --- bien sûr.

c. 🗨 Jouez la conversation, puis d'autres conversations :

– Vous parlez quelles langues ?
– Je parle anglais et français. Et j'apprends l'italien.
– Ah bon ? Vous apprenez l'italien ? Moi, j'aime beaucoup l'italien !

5. Je vous présente...

a. Observez :

PRÉSENTER QUELQU'UN	
– Vous connaissez John ?	– Oui, très bien ! – Qui ? Non, pas du tout. – Non, je ne crois pas.
– Je vous présente madame/monsieur...	– Enchanté.
– Qui est-ce ?	– C'est Corinne/Pierre.

b. 🔊 Écoutez la conversation :

– Qui est-ce ?
– Venez ! Je vous présente. C'est un Anglais.
– Mais je ne parle pas anglais, moi !
– Mais il parle très bien français !

c. 🗨 Jouez d'autres conversations :

un Anglais ➜ une Russe – un Allemand – une Chinoise – un Suédois...

1. Qu'est-ce que vous lisez ?

a. Reconstituez chaque réplique de la conversation :
– ce / lisez ? / que / Qu'est-/ vous /
– journal. / Oh ! / Un /
– intéressent, / journaux / Les / vous / vous ? /
– bien / Oui, / Pas / sûr. / vous ? /
– je / la / moi, / Non, / regarde / seulement / télé. / / amusants ! / journaux / Les / ne / pas / sont /
– Ah ? / amusante, / est / Et / la / pour / télé / vous ? /
– oui. / Un / peu, /

b. 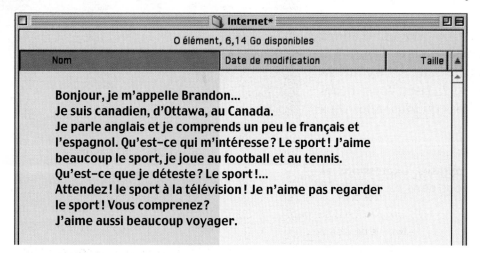 **Jouez ensuite la conversation.**

2. Bonjour, madame...

a. **Lisez le début et la fin de cette conversation. Imaginez et écrivez la partie qui manque (plusieurs répliques).**
– Bonjour, madame... Excusez-moi, qu'est-ce qui vous intéresse ?
– Pardon ?
– C'est pour la radio, une enquête. Qu'est-ce qui --- ?
– ---
– ---
– ---
– ---
– Ah bon ! Excusez-moi. Merci, madame.

b. **Écoutez puis jouez la conversation.**

L'opéra de Lyon, par l'architecte Jean Nouvel.

3. Je vous présente...

Brandon Smith (Ottawa, Canada) se présente sur son site Internet. Voici la traduction en français :

> **Bonjour, je m'appelle Brandon...**
> **Je suis canadien, d'Ottawa, au Canada.**
> **Je parle anglais et je comprends un peu le français et**
> **l'espagnol. Qu'est-ce qui m'intéresse ? Le sport ! J'aime**
> **beaucoup le sport, je joue au football et au tennis.**
> **Qu'est-ce que je déteste ? Le sport !...**
> **Attendez ! le sport à la télévision ! Je n'aime pas regarder**
> **le sport ! Vous comprenez ?**
> **J'aime aussi beaucoup voyager.**

 Vous présentez Brandon à Claire Deschênes, une Suisse de Lausanne.
Attention, elle ne parle pas anglais, et Brandon comprend seulement un peu le français.

N.B. Il n'est pas nécessaire de tout comprendre !

1. Film (Extrait de *Trois hommes et un couffin* de Coline Serreau, Flach Film-TF1 production.)

Écoutez et répondez :
– Il va où ?
– Elle s'appelle comment ?
– Quelle est sa nationalité ?

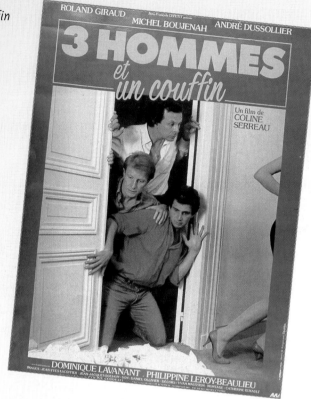

2. Littérature (Extrait des *Choses* de Georges Perec, éd. J'ai lu, 1967.)

Jérôme avait vingt-quatre ans, Sylvie en avait vingt-deux. Ils étaient tous deux psychosociologues. Ce travail, qui n'était pas exactement un métier, ni même une profession, consistait à interviewer des gens.

[…] Aime-t-on le fromage en tube ? Est-on pour ou contre le transport en commun ? À quoi fait-on d'abord attention en mangeant un yaourt : à la couleur ? à la consistance ? au goût ? au parfum naturel ? Lisez-vous beaucoup, un peu, pas du tout ? Allez-vous au restaurant ?

Gérard Fromanger, série Questions *: « S'embrouille », 1976.*

Combien de phrases, expressions et mots comprenez-vous dans cet extrait de roman ? Notez-les.

3. Radio (Extrait d'un magazine culturel, 2000.)

« Robert Orsini, vous êtes un homme de spectacle… » **Écoutez la suite.**
– Qu'est-ce qui intéresse Robert Orsini ?

1. Qu'est-ce qu'ils peuvent dire ?

Que diriez-vous à leur place ?

2. Interview par un journaliste à la radio ou à la télévision

Un(e) journaliste interviewe une artiste.

Choisissez votre rôle (A = le/la journaliste, B = l'artiste) et regardez les fiches de jeux de rôles (A, p. 154 ; B, p. 156) avant de jouer.

3. Vous n'avez pas entendu le début de la conversation

Vous êtes avec plusieurs personnes qui parlent en même temps.

Écoutez-les et imaginez ce qu'elles ont pu dire avant.
a. ....
b. ....

4. Enquête pour les aéroports de Paris

Un enquêteur pose des questions à plusieurs personnes.

Choisissez votre rôle (A = l'enquêteur, B = une des personnes interrogées) et regardez les fiches de jeux de rôles (A, p. 154 ; B, p. 156) avant de jouer.

COMMENT ÇA S'ÉCRIT ?

OBJECTIFS : dire et comprendre les nombres de 0 à 69, épeler et demander comment ça s'écrit, demander à parler à quelqu'un au téléphone.

BAGAGES

I. L'alphabet

ABCDEFGHIJKLMNOPQRSTUVWXYZ

/a/	/e/	/ə/	/ɛ/	/i/	/o/	/y/
a	b	e	f	i	o	q
h	c		l	j		u
k	d		m	x		
	g		n	y		
	p		r			
	t		s			
	v		z			
	w					

🔊 **Écoutez l'alphabet français puis prononcez ces sigles :**

RATP CFF SNCF RER TGV ANPE HLM ONU OCDE OMS TVA USA STCUM CEE STIB TPG

2. C'est quel pays ?

🗨 **Posez d'autres questions et répondez comme dans le dessin.** *Exemple :* CDN, c'est quel pays ?…

A CH E MEX SF J GB CDN B P MA D I L DY SN

3. J'épelle…

a. Observez :

é = e accent aigu	è = e accent grave
â = a accent circonflexe	ç = c cédille
' = apostrophe	L = l majuscule
– = trait d'union	l = l minuscule
ll = deux l, **nn** = deux n	
*Le Havre, ça s'écrit l, e, **plus loin**, h, a, v, r, e.*	

b. 🔊 ✍ **Écoutez et notez les noms que vous entendez :**

1. ....
2. ....
3. ....
4. ....
5. ....

4. Compter

a. 📼 Observez et écoutez :

0 zéro, **1** un, **2** deux, **3** trois, **4** quatre, **5** cinq, **6** six, **7** sept, **8** huit, **9** neuf,

10 dix, **11** onze, **12** douze, **13** treize, **14** quatorze, **15** quinze, **16** seize, **17** dix-sept, **18** dix-huit, **19** dix-neuf,

20 vingt, **21** vingt et un, **22** vingt-deux, **23** vingt-trois…

30 trente, **31** trente et un, **32** trente-deux…

40 quarante, **50** cinquante, **60** soixante, **61** soixante et un…

b. 📼 ✍️ Notez les nombres que vous entendez, en chiffres puis en lettres.
Exemple : 28, vingt-huit

1. ....
2. ....
3. ....
4. ....
5. ....
6. ....

c. 💬 Posez des questions et répondez :
– Dix plus onze ?
– Ça fait vingt et un.
– Soixante-deux moins treize, ça fait combien ?
– Ça fait quarante-neuf.
– Pfff ! C'est compliqué !

5. Comment ça s'écrit ?

a. Observez :

DEMANDER/DIRE COMMENT ÇA S'ÉCRIT	
– Pardon, vous pouvez épeler ?	– J'épelle : A, deux N…
– Comment ça s'écrit ?	– Ça s'écrit avec un c cédille.
– Ça s'écrit avec Ç ou S ?	– Il y a deux N.
– Il y a un accent circonflexe ?	– Il y a un accent grave.
	– Albi ? Ça s'écrit comme ça se prononce.

> QU'EST-CE QU'IL Y A À PARIS ?

> EUH… JE NE SAIS PAS ! ATTENDEZ… LA TOUR EIFFEL ? LES CHAMPS-ÉLYSÉES ?

> NON ! IL Y A UN « S » !

b. 💬 Posez des questions et répondez :
– Annecy, comment ça s'écrit ?
– Il y a un c cédille à Montluçon ?

Annecy ➜ Chalon-sur-Saône – Bruxelles – Braine-l'Alleud – Romanmôtier-Envy – Sept-Iles – La Rochelle – Guebwiller – Odienné – Saint-Cergue – Montréal – Abidjan…

6. Allô !

📼 💬 **Écoutez la conversation de la photo, puis jouez d'autres conversations :**
tél. 01 45 21 00 50 / tél. 01 45 31 00 50
tél. 05 15 22 67 50 / tél. 05 15 22 67 15
tél. 03 33 37 37 11 / tél. 03 33 37 37 12

NON, MONSIEUR ! ICI, C'EST LE 01 42 16 26 41 !

ALLÔ ? C'EST BIEN LE 01 42 13 26 41 ?

AH ! EXCUSEZ-MOI.

7. Ne quittez pas !

a. Observez :

AU TÉLÉPHONE	
– Allô !	– C'est moi !
– Je voudrais parler à…, s'il vous plaît.	– Désolé(e), il/elle n'est pas là.
– Je pourrais parler à…, s'il vous plaît ?	– Ne quittez pas, s'il vous plaît.

CONNAÎTRE
je connais
il/elle connaît
vous connaissez
ils/elles connaissent

b. Vérifiez que vous comprenez en complétant puis en jouant la conversation :
– Allô ? Je --- parler à Marie, s'il vous plaît.
– Marie ? Je ne --- pas Marie !
– Ah ! Excusez-moi.
– Attendez ! Vous voulez parler à Marine, peut-être ?
– Marine ! Oui, c'est ça !
– Ne ---, s'il vous plaît.

c. 📼 **Écoutez la conversation :**
– Allô ? Je pourrais parler à madame Dupont, s'il vous plaît ?
– Il y a deux Mme Dupont ici. Vous connaissez son prénom ?
– Non, malheureusement.
– Ah ! C'est ennuyeux… Mais comment ça s'écrit ? Avec un T ou avec un D ?
– Dupont, D, U, P, O, N, T, je crois.
– Ah ! Je suis désolée, elle n'est pas là.

d. 💬 **Jouez d'autres conversations :**
Dupont/Dupond ➜ Homais/Aumé – Gilot/Jileau – Dancourt/D'Ancourt – Debeau/Debaud…

*ALLÔ ? OUAIS ?... *ATTENDEZ !*

* Attendez ! : au téléphone, on dit : « Ne quittez pas, s'il vous plaît. »

1. Ça s'écrit comme ça se prononce !

🔊 ✍️ **Écoutez et notez les mots que vous entendez.**
Pour les Français, ça s'écrit comme ça se prononce.
a. .... b. ....
c. .... d. ....

> *CORTEVAL, COMME ÇA SE PRONONCE !*
> **C'EST PAS COMPLIQUÉ, *NOM DE NOM !*

M^on^sieur X Corthevalle

2. Au téléphone

Mettez les répliques de cette conversation dans le bon ordre puis jouez-la :
– Ah ? Ce n'est pas 04 50 52 30 16 ?
– Ah ! Excusez-moi !
– Allô ? Je voudrais parler à Hervé, s'il vous plaît.
– Non, pas du tout !
– Qui ? Hervé ? Je ne connais pas Hervé.

3. Identité

a. ✍️ **Lisez le début et la fin de cette conversation.**
Imaginez et écrivez la partie qui manque (plusieurs répliques).
– Alors, monsieur, votre nom, c'est… ?
– ---
– ---
– ---
– ---
– Ah ? Vous vous appelez Jules Raistod !
– Oui, c'est ça !

b. 🔊 💬 **Écoutez puis jouez la conversation à deux.**

> *ALLEZ ! ON VA AU *RESTAU !*

* restau = restaurant.

4. Vous n'avez pas entendu le début de la conversation

🔊 ✍️ **Écoutez et imaginez la question possible.**
a. .... b. ....
c. .... d. ....

5. Conversation au téléphone

💬 **Choisissez un rôle (A ou B), et jouez la conversation :**

A	B
demande à parler à Mme Debaud.	ne comprend pas, il demande d'épeler
épelle.	dit qu'elle n'est pas là.

N.B. Il n'est pas nécessaire de tout comprendre !

1. Radio

[cassette] [pencil] **Notez les résultats du Loto:**

LOTO

MERCREDI 2 TIRAGES

SAMEDI 2 TIRAGES

MULTIPLE — ET COCHEZ VOTRE MISE

COCHEZ 7, 8, 9 OU 10 NUMÉROS

TIRAGES MERCREDI OU SAMEDI →

TIRAGES MERCREDI ET SAMEDI

28F — ☐ 7 NUMÉROS

112F — ☐ 8 NUMÉROS

336F — ☐ 9 NUMÉROS

840F — ☐ 10 NUMÉROS

☐ 7 NUMÉROS — 56F

☐ 8 NUMÉROS — 224F

☐ 9 NUMÉROS — 672F

☐ 10 NUMÉROS — 1680F

2. Messages : répondeurs

[cassette] [pencil] **Notez les numéros de téléphone annoncés sur répondeur:**

a. .... b. .... c. ....

d. .... e. .... f. ....

3. Interview de Séverine (Extrait, 2000)

[cassette] [pencil] **Écrivez le nom de famille de Séverine: ...**

– C'est un nom de quel pays ?

4. Carte postale

[pencil] **Recopiez ce que vous pouvez lire :**

Erquy, le 22 juillet 2000

Bonjour à vous deux !

Comment allez-vous ?
Ici, tout va bien.
Fabrice fait beaucoup
de sport, moi je lis
et j'écoute de la musique
sur la plage. Il fait
beau. C'est super !
gros bisous, à bientôt !
Sandrine

M. et Mme Minot
3, rue Deluc

┠ 33000
Bordeaux

I. Qu'est-ce qu'ils peuvent dire ?

Que diriez-vous à leur place ?

2. Un jeu

À jouer à deux : chaque joueur a une grille et choisit 5 cases dans sa grille.
Puis on essaie de trouver les cases de l'autre joueur.

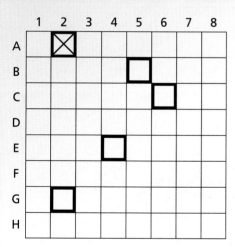

A2.

NON !

A2, OUI ! À MOI…
EUH… G6.

3. Vous n'avez pas entendu le début de la conversation

Vous entendez seulement un peu d'une conversation.
Imaginez ce que les personnes ont dit avant, et ce qu'elles peuvent dire après.
a. ....
b. ....

4. Conversations téléphoniques

Choisissez un rôle (A ou B) et regardez les fiches de jeux de rôles (A, p. 154 ; B, p. 156) avant de jouer.

QUELLES SONT VOS COORDONNÉES

OBJECTIFS : dire/demander des coordonnées (numéro de téléphone, adresse), dire et comprendre les nombres de 69 à 100, dire qu'on ne comprend pas, demander de répéter.

BAGAGES

I. C'est son adresse ?

Nom .....Rey..

Prénom .....Paul..

Adresse .....12, rue des Pêcheurs............................

.....35000 Rennes............................

Téléphone .....02 36 44 12 31....................

Fax .....02 36 44 12 34........................

E. mail .....prey@club-internet.fr............

> MOI, L'OPÉRA, *C'EST PAS MON TRUC !

a. Observez :

LES ADJECTIFS POSSESSIFS			
– *La Citroën, là, c'est **sa** voiture ?*			
– ***La** voiture de qui ? De Marc ou de Léa ?*			
	masculin	féminin	pluriel
je	mon	ma	mes
il/elle/on	son	sa	ses
vous	votre		vos
ils/elles	leur		leurs
ma/sa + a, e, i, o, u, y ➜ mon/son : *une adresse* ➜ ***son** adresse*			

b. Vérifiez que vous comprenez en complétant :
1. – C'est votre pays ? – Oui, c'est --- pays. • 2. – C'est --- journal ? – Oui, c'est bien mon journal. • 3. – Ce sont --- journaux ? – Oui, ce sont mes journaux. • 4. – C'est la radio de Paul et Virginie ? – Oui, c'est --- radio. • 5. – C'est le livre de Frédéric ? – Oui, c'est --- livre. • 6. – C'est le téléphone d'Anne ? – Oui, c'est bien --- téléphone.

* Ce n'est pas mon truc = Je n'aime pas beaucoup.

c. 🗨 C'est son film préféré. **Jouez la conversation :**
– Elle regarde un film ?
– Oui, son film préféré : *Rosetta.*
– C'est aussi votre film préféré ?
– Non, moi, mon film préféré, c'est *Robert et Robert.*

d. 🗨 **Jouez d'autres conversations :**
Il regarde un film *(Robert et Robert / Rosetta)* ➜ Elles lisent une BD *(Tintin en Amérique / Astérix et Cléopâtre)* – Il écoute un opéra *(Don Juan / La Traviata)* – Elle lit un journal *(Le Monde / Libération)* – Elle a une adresse en France – Il regarde une voiture *(une Peugeot / une Renault).*

2. Vous habitez à Bruxelles ?

a. Observez :

VENIR DE… / ALLER À… + VILLE	
– Vous êtes d'où ?	– Je suis d'Anvers.
– Vous venez d'où ?	– Je viens de Genève.
– Vous habitez où ?	– J'habite à Nantes.
– Vous allez où ?	– Je vais à Grenoble.

b. Vérifiez que vous comprenez en complétant :

Il vient --- Oslo. • Ils vont --- Gand. • Elles n'habitent pas --- Francfort. • Elle est --- Londres. • Ils sont --- Amsterdam. • Vous venez --- Ostende ? • Je ne suis pas --- ici. • J'habite --- Orléans, mais je suis --- Marseille. • Non, ils ne sont pas --- Paris, ils sont --- Évry.

c. Québec ? Genève ? Bruxelles ? Paris ? Écoutez et complétez :
Il est… Il habite… Il vient… Il va…

d. Jouez une autre conversation :

Flore Cuny

13, rue des Marguerites
69003 Lyon

```
SNCF    BILLET         PARIS GARE LYON  → VICHY
        A composter avant l'acces au train.   CUNY/ME
                                              01ADULTE

Dep 16/08 a 08H48 de PARIS GARE LYON    Classe 1  VOIT 18: PLACE NO  23
Arr      a 11H51 a VICHY                01ASSIS NON FUM
                TRAIN    5957           SALLE              01COULOIR
PLEIN TARIF

Dep       a      de ***                 Classe *
Arr

Prix par voyageur :   342.00                    Prix FRF   **342.00
        KM0365  RS 20                                 EUR   **52.14
   342                            DV 306739845
   A          873067398453        EC     CUTL  9         070800  16H15
              08701646257104      A7F5E8 00098831 Dossier OUYUPY Page 1/1
```

3. Quel est son numéro de téléphone ?

a. Observez :

70 soixante-dix* (60 + 10), **71** soixante et onze (60 + 11), **72** soixante-douze…
80 quatre-vingts* (4 × 20), **81** quatre-vingt-un, **82** quatre-vingt-deux…
90 quatre-vingt-dix*, **91** quatre-vingt-onze…, **99** quatre-vingt-dix-neuf,
100 cent

* En Belgique et en Suisse : **70** septante, **80** octante, **90** nonante.

b. Notez les nombres que vous entendez, en chiffres et en lettres.
Exemple : 97, quatre-vingt-dix-sept.

1. .... 2. ....
3. .... 4. ....
5. .... 6. ....

c. Jouez la conversation :
– Vous avez le numéro de téléphone de monsieur Granier ?
– Oui, attendez… Alors, son numéro, c'est le 04 75 07 16 36.

d. Jouez d'autres conversations :
Mme Martin, M. et Mme Martinod…

Mme Martin Florence	05 88 84 30 13
M. et Mme Martinod	02 40 73 13 19
M. Masson Claude	01 45 37 69 90
Mlle Millon Hélène	03 20 74 46 87
M. et Mme Mons	04 78 15 00 12

4. Vous connaissez Rémy Martin ?

a. Observez :

Avoir
j'ai
il/elle/on a
vous avez
ils/elles ont
Voir conjugaison complète p. 173.

Pouvoir
je peux*
il/elle/on peut
vous pouvez
ils/elles peuvent
* *Pour demander :* je pourrais…
Voir conjugaison complète p. 174.

b. Complétez avec avoir **ou** pouvoir :

1. Il n'--- pas la télévision, alors il ne --- pas regarder les informations. • 2. Vous n'--- pas votre livre ? Je ne --- pas lire, je n'--- pas mon journal ! • 3. Ils --- le téléphone, bien sûr, alors ils --- téléphoner ! • 4. Maintenant, elle --- deux adresses : une à Paris et une à Bruxelles. • 5. Mais vous --- une voiture, vous --- venir !

c. 🔲 **Écoutez la conversation et présentez ce monsieur :**

Il s'appelle…, il…, son… .

5. Qu'est-ce que vous dites ?

a. Observez :

Quand on ne comprend pas		Dire
– Pardon ? Vous pouvez répéter, s'il vous plaît ?	– Vous pouvez parler plus lentement, s'il vous plaît ?	je dis
– Je ne comprends pas. Qu'est-ce qu'il dit ?		il/elle/on dit
– Excusez-moi. Qu'est-ce que vous dites ?		vous dites
		ils/elles disent

b. 💬 **Choisissez une personne dans l'annuaire et dites ses coordonnées (numéro de téléphone et adresse) à votre voisin(e) qui ne comprend pas.**

GALLET Alice 56 av République 03 12 47 56 13
GARNIER Virginie 13 r Nicolet 03 14 56 27 17
GARNOT Thomas 23 pl Théâtre 03 15 43 67 09
GAUDINOT Anne 35 r Madrid 03 13 21 78 64
GENDRON Sophie 26 bd Émile-Zola . . .03 14 42 37 98
GENET Claire 42 r Bonaparte 03 16 04 19 88
GIRAUDIN Fabrice 88 r Nantes 03 15 61 36 14
GRAMONT Pierre 9 pl Mairie 03 12 28 84 92
GRANDIN Valérie 71 r St-Marcel 03 14 77 46 85
GUÉRIN Daniel 33 av Magenta 03 15 52 49 26

ALLÔ ?.... JUJU, MOI ?
*VOUS N'Y PENSEZ PAS, MONSIEUR !... NON, MONSIEUR, JE NE SUIS PAS JUJU ! JE NE CONNAIS PAS JUJU ET JE NE CONNAIS PAS SON NUMÉRO !

* Vous n'y pensez pas ! = Mais non !

1. Phrases-puzzles

Reconstituez les phrases :

a. Comment / nom ? / prononce / se / votre
b. à / Avec / beaucoup : / Bruxelles. / je / je / ma / maintenant, / vais / voiture, / voyage
c. 76 / d' / Espagne, / famille / habite / ici. / j'habite / là, / ma / Maintenant, / mais / n' / pas / rue
d. anglais / Comment / d' / dit / en / on / union » ? / « trait

2. C'est bizarre !

Reconstituez la conversation puis jouez-la :

– Je ne sais pas… Vous parlez deux langues, vous avez deux téléphones, deux prénoms, c'est bizarre, non ?…
– Mais non, pourquoi ? J'ai aussi deux nationalités ! Mais j'ai seulement un nom !
– Une autre adresse ? Non, pourquoi ?
– Vous avez une autre adresse ?

3. Adresse amusante

Reconstituez la conversation, écoutez-la puis jouez-la :

– C'est ma rue, oui, j'habite ici.
– C'est votre rue ?
– Numéro 16, là.
– Oui, c'est amusant, non ? J'ai une adresse amusante… et pas compliquée.
– Quel numéro ?
– Alors, vous habitez 16, rue de Sèze ?

4. Interrogatoire

Choisissez un rôle (A ou B) et jouez la conversation :

A demande à B son nom, son prénom, sa nationalité, son adresse, son numéro de téléphone, le numéro de sa voiture.
B répond, mais il ne comprend pas bien les questions.

5. Vous avez son numéro ?

Choisissez un rôle (A ou B) et jouez la conversation :

A téléphone à B. Ils se saluent. A demande à B s'il connaît Antoine Duroc. B connaît M. Duroc.
A demande à B s'il a son adresse. B répond. A remercie.

I. Messages

Au parking. **Écoutez les annonces et notez les numéros des voitures.**

a. .... b. ....
c. .... d. ....

2. Interview d'une Clermontoise (Extrait, 2000)

Écoutez et répondez :
– Elle s'appelle comment ?
– Comment s'écrit le nom de sa ville ?

3. Théâtre (Extrait de *La Cantatrice chauve* d'Eugène Ionesco, éd. Gallimard, 1954.)

Écoutez et répondez :
– Quelle est l'adresse de madame Martin ?
– Quelle est l'adresse de monsieur Martin ?

4. Littérature (Extrait de *Juliette Pomerleau* d'Yves Beauchemin, édition originale en langue française, éditions Québec/Amérique, 1989, édition française, éditions de Fallois, 1989.)

Lisez et répondez :
– Qui téléphone ? À qui ? Il est dans quelle ville ?

> – Madame Pomerleau ? demanda une voix un peu hésitante et embarrassée au bout du fil. C'est Roger Simoneau.
> – Ah tiens ! bonjour, monsieur Simoneau [...]. Vous tombez drôlement à pic ! [...]
> – Ah oui ? Comment ça ?
> – Euh… eh bien, figurez-vous… figurez-vous que Denis me parlait justement de vous, hier soir… [...]
> – Ça me fait plaisir, madame… Eh bien, je me trouve justement à Montréal aujourd'hui et je vous téléphonais pour savoir…

1. Répondeur

📼 **Vous téléphonez et vous entendez ce message. Qu'est-ce que vous faites ?**

2. Conversations téléphoniques*

Choisissez un rôle (A1 ou B1, A2 ou B2) et regardez les fiches de jeux de rôles (A, p. 154 ; B, p. 156) avant de jouer (deux conversations).

3. Qu'est-ce qu'ils peuvent dire ?

Que diriez-vous à leur place ?

4. Vous connaissez bien monsieur... ?

• **A et B imaginent ensemble l'identité d'une personne :** homme ou femme, nationalité, adresse, numéro de téléphone, langues parlées, goûts… Attention : ils ne peuvent pas noter !
• **C pose des questions à A, et D à B, sur la personne :** Il s'appelle comment ?… Il habite où ?…, et notent les réponses.
• **C et D comparent leurs notes.**

---

* Ces deux conversations font partie de l'évaluation communicative de la Première Escale (page 44).

Premère Escale

Test 1. Mettez le bon article (un/une → une nationalité).

--- nom ◆ --- film ◆ --- famille ◆ --- musée ◆ --- journal ◆ --- théâtre ◆ --- sport ◆ --- étrangère ◆ --- adresse ◆ --- voyage ◆ --- numéro ◆ --- langue ◆ --- restaurant ◆ --- livre ◆ --- télévision ◆ --- musique ◆ --- information ◆ --- publicité ◆ --- radio ◆ --- téléphone.

Test 2. Mettez au masculin (elle → il, elles → ils).

Elle est étudiante. → *Il est étudiant.* ◆ Elle est américaine. ◆ Elles sont étrangères. ◆ Elle est amusante. ◆ Elles sont désolées. ◆ Elles sont compliquées. ◆ Elle est très heureuse. ◆ Elle est chinoise. ◆ Elles sont grecques. ◆ Elle est européenne.

• *Des problèmes ? Revoyez l'unité 4.*

Test 3. Complétez ce tableau (verbes).

ÊTRE	...	...	...	...
je	j'ai			
elle		elle aime		
on				
vous				vous vous appelez
ils	ils viennent			

• *Des problèmes ? Revoyez les unités 1, 2 et 3.*

Test 4. Complétez avec à / à la / à l' / au / aux.

Je mange --- restaurant. ◆ Ils jouent --- cartes. ◆ Elles vont --- opéra. ◆ Je voudrais parler --- monsieur Perret, s'il vous plaît. ◆ Elles jouent --- football ? ◆ Il parle --- sa voiture ! ◆ Ils habitent --- Lisbonne ? ◆ Je suis maintenant --- Bruxelles mais je vais --- Genève demain. ◆ Elle téléphone --- Madame Legrand. ◆ J'aime bien regarder les films --- cinéma, pas --- télévision.

• *Des problèmes ? Revoyez les unités 3 et 6.*

Test 5. Complétez avec à / à la / au / aux / de / d'.

Je viens --- Paris et je vais --- Montréal. ◆ Je suis --- Madrid mais j'habite maintenant --- New York. ◆ Elle est --- Orléans mais elle n'habite pas --- Orléans. ◆ Elle regarde un film --- télévision. ◆ Vous voulez parler --- qui ? ◆ Elle téléphone --- sa famille. ◆ Mais non, ils ne viennent pas --- Madrid ! Ils viennent --- une autre ville, --- Alicante, je crois.

• *Des problèmes ? Revoyez les unités 3 et 6.*

Test 6. Quel est le contraire ?

non ! ≠ *oui / si !* ◆ moins ◆ accent grave ◆ adorer ◆ beaucoup ◆ majuscule ◆ enchanté ◆ aller.

• *Des problèmes ? Revoyez les unités 1, 2, 3, 5 et 6 ou regardez le lexique.*

Test 7. Dites le contraire (employez la négation).

Je vais très bien. ≠ *Je ne vais pas très bien.* ◆ Il est de Rome. ◆ Vous êtes de Bruxelles ? ◆ J'habite ici. ◆ J'aime danser. ◆ Je crois. ◆ Elle parle russe. ◆ Ça va. ◆ Vous avez son numéro de téléphone ? ◆ Vous jouez au football ? ◆ Moi, le sport m'intéresse.

• *Des problèmes ? Revoyez l'unité 3.*

1. Conversations téléphoniques. Aventure 2 de l'unité 6 (p. 43).

2. Présentations. Choisissez un rôle (A, B ou C) et regardez les fiches de jeux de rôles (A, p. 154 ; B, p. 157 ; C, p. 158) avant de jouer.

• *Des problèmes pour épeler ou comprendre quelqu'un qui épelle ? Revoyez l'unité 5.*

• *Des problèmes pour vous présenter ou comprendre quelqu'un qui se présente ? Revoyez l'unité 4.*

3. Présentation sur Internet. Vous vous présentez sur Internet : dites votre nom, d'où vous êtes, dites ce que aimez et n'aimez pas faire, quelles langues vous parlez. Bonjour, je m'appelle…

• *Des problèmes pour parler de ce que vous aimez ? Revoyez les unités 3 et 4.*

• *Des problèmes pour dire quelles langues vous parlez ? Revoyez l'unité 4.*

Opération Obélisque (épisode 1)

1. Agénor coupe six fois la parole à Nestor [...] Qu'est-ce qu'il peut lui dire ?

⇒ Cherchez à deux et jouez le dialogue.

2. Agénor a pris des notes.

✐ Écrivez-les.

3. Et maintenant, vous êtes Agénor… qu'est-ce que vous faites ?

ET LE TRAVAIL, ÇA VA ?

OBJECTIFS : parler de profession, de travail, situer géographiquement (1).

BAGAGES

1. Quelle est leur profession ?

a. Observez :

LA PROFESSION	
– Quelle est sa profession ? – Qu'est-ce qu'il/elle fait (dans la vie) ?	– Quelle est leur profession ? – Qu'est-ce qu'ils/elles font (dans la vie) ?
– C'est un avocat. / – C'est une avocate. – Il est étudiant. / – Elle est étudiante.	– Ce sont des avocats. / – Ce sont des avocates. – Ils sont étudiants. / – Elles sont étudiantes.
Agriculteur/agricultrice, acteur/actrice, secrétaire/secrétaire, ingénieur/ingénieur, journaliste/journaliste, médecin/médecin…	

b. Vérifiez que vous comprenez en complétant avec il, elle, ils, elles + **le verbe** être **ou** c'est **ou** ce sont.
1. --- étudiants. • 2. --- ingénieur. • 3. --- un médecin. • 4. --- une agricultrice. • 5. --- des ingénieurs. • 6. --- journaliste. •
7. --- des acteurs. • 8. --- secrétaire.

c. 💬 **Regardez les photos de la page 46 et discutez des professions des personnes :**
Exemple : (photo n° 1)
– Quelle est sa profession ? / Qu'est-ce qu'il fait ?
– Il est ingénieur, je crois.
– Il est ingénieur ? / C'est un ingénieur ?
– Oui, c'est peut-être un ingénieur.

* Si c'est pas malheureux ! = C'est vraiment malheureux.

2. Et vous, quelle est votre profession ?

a. Observez :

PARLER DE PROFESSION
– Quelle est votre profession ? / Qu'est-ce que vous faites ?
– Maintenant, je suis étudiant(e).
– Qu'est-ce que vous voulez faire plus tard ?
– Plus tard, je veux être… / Je ne sais pas encore.

VOULOIR	FAIRE	SAVOIR
je veux*	je fais	je sais
il/elle veut	il/elle/on fait	il/elle sait
vous voulez	vous faites	vous savez
ils/elles veulent	ils/elles font	ils/elles savent
* *Pour demander :* je voudrais.	Pour la conjugaison complète de *faire* et *savoir*, voir p. 173 et 174.	

b. Vérifiez que vous comprenez en complétant puis en jouant :
1. – Quelle est --- profession ? – Je --- étudiante. Je --- être médecin, plus tard. • 2. – Qu'est-ce qu'il --- ? – Il est journaliste. • 3. – Qu'est-ce qu'--- faire plus tard ? – Il ne --- pas encore. • 4. – --- être journalistes ? – Oui, et moi aussi je --- être journaliste. • 5. – Qu'est-ce qu'ils --- ? – Pardon ? – Quelle est --- profession ?

c. 💬 **Posez des questions à votre voisin(e) sur sa profession (maintenant et plus tard), puis parlez à un(e) autre voisin(e) :**
Maintenant, il/elle est… mais plus tard, il/elle veut être…, / il/elle ne sait pas…

3. Votre travail vous plaît ?

a. Observez :

PARLER DE TRAVAIL	
– Vous travaillez où ?	– Chez moi : je suis femme au foyer. – Je travaille chez Danone / à l'usine Danone.
– Vous êtes dans quelle branche ?	– Je suis/je travaille dans… (la chimie, l'informatique, une banque…).
– Votre travail est / C'est intéressant ?	– C'est (très) intéressant / ennuyeux / fatigant / dur.
– Vous aimez votre travail ? – Votre travail vous plaît ?	– Beaucoup ! / Pas du tout !

b. 📼 Vous êtes dans quelle branche ?
Écoutez la conversation.

c. 🗨 **Jouez la suite de la conversation.**
(ingénieur / informatique / IBM…)

* boulot = travail.

* Vous n'y pensez pas ! = Mais non !

4. Géographie

a. Observez :

	D'où ? De quel pays ?		Où ? Dans quel pays ?	
la Belgique	je viens	**de** Belgique	je vais / j'habite **en** Belgique	
l'Italie		**d'**Italie	**en** Italie	(la, l' ➜ en)
le Portugal		**du** Portugal	**au** Portugal	(le ➜ au)
les Pays-Bas		**des** Pays-Bas	**aux** Pays-Bas	(les ➜ aux)

b. Vérifiez que vous comprenez en complétant :
1. J'ai une adresse --- Suisse, oui. • 2. Je travaille --- France. • 3. Il n'habite pas --- Canada, il habite --- États-Unis. • 4. C'est un Grec, mais il vient --- Brésil. • 5. Oui bien sûr, elle est européenne, elle vient --- Angleterre. • 6. Ma télévision vient --- Japon, mon téléphone --- Chine, mes livres viennent --- Espagne, et moi, j'habite --- Allemagne et je travaille --- Suisse ! • 7. J'aime bien voyager --- Mexique, c'est un pays intéressant.

c. 📼 **Écoutez le nom de 11 villes prononcé à la française.**
Elles sont dans quels pays ?

DANS QUELS PAYS ?
OUH LÀ LÀ ! MOI, *J'SUIS NUL
EN GÉOGRAPHIE !

d. 🗨 **Jouez la conversation :**
– Vous venez d'où ?
– Je viens de Copenhague.
– Ah ! Du Danemark ! Moi, je parle un peu danois.
– Ah ? Et vous connaissez le Danemark ?
– Oui, oui… enfin, un peu !

e. 🗨 **Jouez d'autres conversations :**
Copenhague ➜ Mexico – New York – Moscou – Rome – Madrid –
Tokyo – Lisbonne – Athènes…

* j'suis nul = je suis mauvais
(je ne connais pas bien la géographie).

1. Vous n'avez pas entendu le début...

a. Voici des réponses. Imaginez les questions.
1. – Mon boulot ? Non, c'est dur. C'est très fatigant.
2. – Mais non, mais non ! Au contraire, j'aime beaucoup les fonctionnaires !
3. – Non, pas encore, mais je veux aller à Montréal.
4. – C'est en Norvège.

b. 🔈 **Écoutez une des questions possibles.**

2. À l'usine

a. 🗨 **Mettez les répliques de cette conversation dans le bon ordre puis jouez-la.**
– Ah oui ? Dans quelle branche ?
– Ah ! Et vous voulez… ?
– Ah ! Vous connaissez monsieur Davoine ?
– Bonjour, je suis journaliste et je…
– Dans l'informatique. Mon journal s'appelle *Info'PC*.
– Euh… Et je voudrais parler à monsieur Davoine.
– Euh… c'est un journal professionnel.
– Je voudrais visiter votre usine.
– Visiter l'usine ? Mais…
– Journaliste ? Dans quel journal ?
– Oui.
– Alors *un moment, s'il vous plaît.

* Un moment = Attendez un peu.

b. 🔈 🗨 **Écoutez le dialogue puis jouez-le.**

3. Quel cinéma !

a. 🗨 **Lisez le début et la fin de cette conversation. Imaginez et écrivez la partie qui manque (plusieurs répliques).**
– Et le travail, ça va ?
– Oui, ça va très très bien.
– ---
– ---
– Euh… enfin, je travaille dans un cinéma, pas dans le cinéma.

b. 🔈 🗨 **Écoutez puis jouez la conversation.**

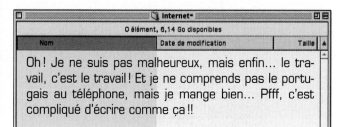

Oh! Je ne suis pas malheureux, mais enfin… le travail, c'est le travail ! Et je ne comprends pas le portugais au téléphone, mais je mange bien… Pfff, c'est compliqué d'écrire comme ça !!

4. Présentation sur Internet

✍ **Vous vous présentez sur Internet (vous ou une personne imaginaire). Parlez de votre travail. Attention ! Vous devez utiliser tous les mots:** travail, téléphone, portugais, manger, malheureux, écrire.

N.B. Il n'est pas nécessaire de tout comprendre !

1. Informations à la radio

📻 ✍ **Écoutez et notez d'où viennent les informations.**
Exemple : de Belgique.

a. .... b. ....

c. .... d. ....

2. Film (Extrait de *Pourquoi maintenant ?* de Gérard Lamothe, 2000.)

📻 ✍ **Écoutez et complétez :**
– Ça va, toi, --- , là-bas ?
– ---
– --- ?
– --- .
– C'est quoi, au juste ?
– Hm… psychologue.
– --- ? Ah ben, dis donc ! Ah ! --- quoi, exactement ?
– C'est l'étude de la personnalité.

3. Article (Extrait de l'enquête CRG 2000.)

Lisez ce texte et répondez :
– Les dix-neuf villes du texte sont dans quels pays ?
– Combien de nombres y a-t-il dans le texte ?

Les deux principales villes russes, Moscou et Saint-Pétersbourg, ainsi que Londres sont parmi les dix villes les plus chères du monde. Elles sont suivies par Genève et Zurich, depuis longtemps dans le top cinq, et par New York. Viennent ensuite Varsovie, Vienne, Copenhague et Paris. Puis Milan, Helsinki, Bucarest et Berlin. En bas du tableau, on trouve Dublin, Prague, Madrid, Barcelone et Lisbonne.

Genève, l'une des dix villes les plus chères du monde.

1. Répondeur

Vous téléphonez et vous entendez ce message.
Qu'est-ce que vous faites ?

BONJOUR, VOUS ÊTES BIEN CHEZ MOI, MAIS MOI NON : JE SUIS EN VOYAGE EN ITALIE.

2. Qu'est-ce qu'ils peuvent dire ?

Que diriez-vous à leur place ?

3. Bonjour ! Je me présente...

Lina Erickson se présente sur Internet. Regardez sa fiche et écrivez son texte de présentation.

Nom : Erickson
Prénom : Lina
Nationalité : suédoise (de Göteborg)
Adresse : 75, rue des Fabriques, Bruxelles
Profession : étudiante (fille au pair). Plus tard : journaliste
Langues parlées : suédois, anglais, un peu allemand, apprend le français.

ÇA FAIT COMBIEN ?

OBJECTIFS : dire et comprendre les nombres de 100 à 1 000 000 000, parler de monnaies, de change, demander un renseignement, prendre congé (1).

BAGAGES

1. Compter

a. 🔊 Observez et écoutez :

> **100** cent, **101** cent un, **102** cent deux…, **112** cent douze
> **222** deux cent vingt-deux…, **999** neuf cent quatre-vingt-dix-neuf
> **1000** mille, **1700** mille sept cents *ou* dix-sept cents*
> **2000** deux mille, **2001** deux mille un, **3333** trois mille trois cent trente-trois
> **10000** dix mille, **14141** quatorze mille cent quarante et un
> **100000** cent mille, **777777** sept cent soixante-dix-sept mille sept cent soixante-dix-sept
> **1000000** un million, **1000000000** un milliard
>
> * Pour les dates, on dit souvent quinze cents, seize cents, dix-sept cents, dix-huit cents, dix-neuf cents.

> ALORS, ÇA FAIT
> 350 ET 20… 370 EUROS.

b. 🔊 ✍️ **Notez les nombres que vous entendez, en chiffres puis en lettres.**
1. . . . . 2. . . . . 3. . . . .
4. . . . . 5. . . . . 6. . . . .

c. Continuez à compter :
– 960, 970, 980, etc., jusqu'à 1 100.
– 12 100, 12 200, 12 300, etc., jusqu'à 13 000.
– 110 000, 111 000, 112 000, etc., jusqu'à 120 000.
– 930 000, 940 000, 950 000, etc., jusqu'à 1 200 000.

d. ✍️ 💬 **Écrivez onze nombres en chiffres, puis dictez-les à votre voisin(e).**

2. Comment faire ?

a. 🔊 **Écoutez la conversation.**
– Excusez-moi, c'est pour un renseignement… Pour téléphoner en Tunisie, s'il vous plaît, quel est l'indicatif ?
– Pardon ? Vous voulez téléphoner où ?
– En Tunisie. Comment je fais ?
– Vous faites le 216.
– Pardon ? 213 ?
– Non, pas 13, 16, 8 et 8.
– Ah ! je fais le 216 ?
– Oui, c'est ça.

b. 💬 **Jouez d'autres conversations (regardez le document «Comment téléphoner à l'étranger ?»).**

COMMENT TÉLÉPHONER À L'ÉTRANGER ?	
Pays	**Indicatif**
Arménie	374
Australie	61
Chine	86
Équateur	593
Japon	81
Mongolie	976
Pakistan	92
Paraguay	595
Slovénie	386
Turquie	90

3. C'est la monnaie de quel pays ?

a. Observez :

DE + ARTICLE DÉFINI	
Quelle est la monnaie du Canada ? de l'Iran ? de la Tunisie ? des Pays-Bas ?	
de + le ➜ **du**	de + la ➜ **de la**
de + l' ➜ **de l'**	de + les ➜ **des**

b. Vérifiez que vous comprenez en complétant avec du, de l', de la ou des :

1. Quel est le prénom --- enfant ? • 2. C'est le théâtre --- ville. • 3. Vous connaissez l'adresse --- professeur ? • 4. Quelle est la nationalité --- journaliste ? • 5. Mais, c'est le travail --- ingénieur ! • 6. Tu connais le sport préféré --- Italiens ? • 7. Vous voulez le numéro de téléphone --- restaurant ?

c. 📣 Posez des questions à votre voisin(e) :

– Le yuan, c'est la monnaie de quel pays ?
– De la Chine !

4. Les monnaies

a. Observez :

VIRGULE
1,5 = un virgule cinq/un et demi
1,5 € = un euro cinq/un euro et demi
0,92 = zéro virgule quatre-vingt-douze
0,92 € = zéro euro quatre-vingt-douze

b. 📣 Répondez :

– Dans quels pays peut-on payer en euros (€…) ? *En France, ---*
– Dans quels pays peut-on payer en dollars ($, USD, CAD…) ?
– Dans quels pays peut-on payer en livres (£, GBP…) ?

c. Répondez oralement :

Chez vous, un euro est égal à combien ? Et 100 francs suisses ? Et 100 yens ? Et 100 drachmes (GRD) ?

5. Je voudrais un renseignement

a. Observez :

POUR DEMANDER UN RENSEIGNEMENT
– Excusez-moi / Dites / Pardon…
– Je voudrais un renseignement. / C'est pour un renseignement.
– Je pourrais avoir un renseignement, s'il vous plaît ?

b. 💬 Le change. Jouez la conversation :

– Bonjour, monsieur Martin ! Vous allez bien ?
– Bonjour ! Dites-moi, je voudrais un renseignement, je vais en Grèce…
Qu'est-ce que c'est la monnaie de la Grèce ?
– En Grèce ? Alors vous voulez des drachmes ?
– C'est la monnaie de la Grèce ? Ah bon, d'accord !

c. 💬 Jouez d'autres conversations :

(rial/Iran ➜ livre/Turquie – rouble/Russie – roupie/Inde – bolivar/Venezuela…)

6. Ça fait combien en francs ?

a. 🗨 **Jouez la conversation :**

– Dites-moi, 100 francs, ça fait combien en euros ?
– Attendez, un euro, c'est 6,559 francs, alors 100 francs, ça fait…15 euros, à peu près.

b. 🗨 **Jouez d'autres conversations avec d'autres monnaies.**

7. Au revoir, à bientôt !

a. Observez :

Pour prendre congé	
– Bon, au revoir.	– Vous partez ? Bonne journée !/
– Au revoir, à bientôt.	Bon travail !/ Bon voyage !
– Bon, je dois partir… Allez, au revoir !	– Merci, vous aussi.

Partir
je pars
il/elle part
vous partez
ils/elles partent

Devoir
je dois
il/elle doit
vous devez
ils/elles doivent

b. Vérifiez que vous comprenez en complétant :

1. – Vous --- ? – Oui, oui, je --- partir maintenant. Jean-Luc et Séverine --- partir aussi. • 2. – Ils --- demain, je crois. – Ah bon ? Ils ne --- pas partir aujourd'hui ? • 3. – Elle ne --- pas téléphoner ? – Si, à sa famille ! • 4. – Vous --- payer cent francs ! – Et pourquoi je --- payer cent francs, s'il vous plaît ? • 5. – Je --- pour Madrid : je --- apprendre une autre langue étrangère.

c. 🗨 Le change (suite). **Jouez la conversation :**

– Vous voulez changer combien ?
– Euh… Mille francs.
– Cent cinquante euros ?
– Oui, c'est ça.
– Alors voilà… douze mille drachmes.
– Merci beaucoup. Au revoir !
– Au revoir, monsieur, et bon voyage !
– Merci.

d. 🗨 **Jouez d'autres conversations :**

– Bonjour, monsieur, je voudrais des dollars, s'il vous plaît !…
– Bonjour, madame, je voudrais changer des yens, s'il vous plaît !…

1. Puzzles

Reconstituez le mot ou la phrase :

Exemple : a / e / i / m / n / n / o / ➜ monnaie

a. e / e / e / e / g / i / m / n / n / n / r / s / t
b. avoir / Excusez-moi, / je / plaît ? / pourrais / renseignement, / s'il / un / vous
c. à / au / beaucoup, / bientôt ! / et / Merci / revoir

2. Visite difficile

Reconstituez la conversation, écoutez-la puis jouez-la.

– Ah bon ? On ne peut pas ? Mais c'est intéressant, non ?
– Bonjour ! C'est pour visiter la banque !
– Écrire ou téléphoner à qui ?
– Je dois quoi ?
– Je voudrais visiter la banque !
– Mais je ne sais pas, monsieur ! Au revoir, monsieur !
– Pardon ?
– Si, bien sûr, c'est intéressant, mais vous devez… euh…
– Visiter la banque ? Mais on ne peut pas visiter la banque comme ça, monsieur !
– Vous devez écrire ou téléphoner…

3. En voyage

Reconstituez la conversation, puis jouez-la.

– À Plancoët, oui.
– Bon, merci… Au revoir !
– Bonjour ! Dites, je voudrais savoir, s'il vous plaît…
– C'est huit euros quarante-cinq.
– Et c'est combien pour aller à Plancoët ?
– Oui ?
– Vous allez bien à Plancoët ?

4. Au téléphone (marchandage)

Vous êtes près de quelqu'un qui téléphone.
Imaginez, écrivez ce que dit l'autre personne puis jouez la conversation.

– Il fait combien ?
– ---
– Trente-sept mille euros ? Allez ! Trente-cinq mille, ça va ?
– ---
– Trente-six mille… Non ! Trente-cinq !
– ---
– Mais si, vous pouvez…
– ---
– Vous ne pouvez pas, ou vous ne voulez pas ? Allez ! Trente-cinq mille cinq cents, d'accord ?
– ---
– Ah ! Très bien !
– ---

1. Message

📼 ✍ **Notez les numéros de téléphone que vous entendez.**

a. ....

b. ....

c. ....

2. Publicités

📼 ✍ **Ça fait combien ? Notez les prix que vous entendez.**

a. ....

b. ....

c. ....

3. Littérature (Extrait de *Juliette Pomerleau* d'Yves Beauchemin, édition originale en langue française, éditions Québec/Amérique, 1989, édition française, éditions de Fallois, 1989.)

Lisez et répondez :

– Elle paie combien ? Avec quoi ?

– Comment s'appelle l'homme ?

> La caisse fit entendre une série de grincements, puis tinta :
>
> – Trente-deux dollars et quatre-vingt-quinze, s'il vous plaît.
>
> Elle ouvrit son portefeuille d'une main tremblante et lui tendit deux billets de vingt dollars :
>
> – Vous êtes bien monsieur Livernoche, n'est-ce pas ? demanda-t-elle d'une voix éteinte.
>
> – Oui. Vous me connaissez ?
>
> – C'est-à-dire que… on m'a parlé de vous […].
>
> – Trente-huit, trente-neuf, quarante dollars. Merci, madame.

4. Littérature (Extrait du *Petit Prince* d'Antoine de Saint-Exupéry, éd. Gallimard, 1946.)

> – Bonjour, dit [le Petit Prince], votre cigarette est éteinte.
>
> – Trois et deux font cinq. Cinq et sept douze. Douze et trois quinze. Bonjour. Quinze et sept vingt-deux. Vingt-deux et six vingt-huit. Pas le temps de la rallumer. Vingt-six et cinq trente et un. Ouf ! Ça fait donc cinq cent un millions six cent vingt-deux mille sept cent trente et un.
>
> – Cinq cents millions de quoi ?

✍ **Écrivez les nombres en chiffres :**

Exemple : Trois et deux font cinq. ➜ 3 + 2 = 5

1. Répondeur

🔊 **Vous rentrez chez vous et vous écoutez ce message sur votre répondeur.**
– Qu'est-ce que vous faites ?

2. Qu'est-ce qu'ils peuvent dire ?

Que diriez-vous à leur place ?

3. À l'hôtel

Arrivée à l'hôtel du Théâtre : **choisissez un rôle (A, B ou C) et regardez les fiches de jeux de rôles (A, p. 154 ; B, p. 157 ; C, p. 158).**
A. – Bonjour, nous avons réservé une chambre.
C. – …

ON SE DIT TU ?

OBJECTIFS : tutoyer ou vouvoyer, interroger, demander l'âge, parler d'études.

BAGAGES

1. Tu vas bien ?

DIRE « TU » OU « VOUS » ?	
En France, en général, on tutoie les amis (les *copains et les *copines) et la famille : on dit « tu ». On vouvoie les autres, mais les jeunes se tutoient et les adultes tutoient les enfants. Au travail, on peut se tutoyer entre collègues.	
Tutoyer	**Vouvoyer**
– **Salut**, Paul/Julie/… **Tu vas** bien ?	– **Bonjour**, monsieur/madame. **Vous allez** bien ?
– Ça va, et **toi** ?	– Ça va, et vous ?
– … s'il **te** plaît… **Dis**, …	– … s'il **vous** plaît… **Dites**, …
– **Salut** !/*Tchao ! (Ciao !)	– **Au revoir**, madame !

a. Observez :

CONJUGUER AVEC **TU**
j'aime, je travaille…➡ **tu** aimes, **tu** travailles…
je lis, je peux, je fais ➡ **tu** lis, **tu** peux, **tu** fais
• Attention pour trois verbes :
être : je suis, **tu es**, il est…
avoir : j'ai, **tu as**…
aller : je vais, **tu vas**…

b. Vérifiez que vous comprenez en conjuguant avec tu :

1. Qu'est-ce que vous faites ? ➡ Qu'est-ce que tu --- ? •
2. Vous travaillez ? ➡ Tu --- ? • 3. Vous pouvez répéter ? •
4. Dites ! Vous vous appelez comment ? • 5. Vous avez la télévision ? • 6. Vous êtes étranger ?

c. 🔊 💬 Numéro de téléphone. Écoutez cette conversation, puis jouez d'autres conversations avec d'autres numéros, entre jeunes (tu) et entre adultes (vous).

– Tu as un portable, maintenant ?

– Oui, tu veux noter le numéro ? C'est le 06 43 72 83 52.

– Oh ! Tu peux répéter lentement, s'il te plaît ?

– Oui, c'est le 06…

2. Question d'âge

a. Observez :

PARLER DE L'ÂGE	
Demander l'âge	– Tu as quel âge ?
	– Il/elle a quel âge ?
	– Elle a quel âge, vous croyez ?
Dire son âge	– J'ai seize ans, je suis né(e) en 1991.
	– Elle a trente ans, je crois/je pense.
Commenter	– Tu es jeune !
	– Il (Elle) est vieux (vieille)/jeune !
	– Il/elle est bien pour son âge !
Attention ! On ne demande pas son âge à un adulte, surtout à une femme.	

b. 🔊 Écoutez :

– Tu as quel âge, toi ?
– Moi, vingt-cinq ans, pourquoi ?
– Tu es vieux, dis donc !
– Vieux ? Tu as quel âge toi ?
– Moi, j'ai dix-huit ans.

c. 💬 Jouez d'autres conversations.

(16 ans/30 ans – jeune – etc.)

3. Et eux, à votre avis ?

a. Observez :

PRONOMS PERSONNELS	
Moi, j'ai 33 ans.	**Nous**, on est jeunes !
Tu as quel âge, **toi** ?	Et **vous** ? Vous avez quel âge ?
Mais **lui**, il a 12 ans.	**Eux** ? Ils ont 50 ans.
Elle a 13 ans, **elle** !	**Elles** ? Elles ont 20 ans.

b. Vérifiez que vous comprenez en complétant avec un pronom personnel :

1. ---, je m'appelle Bruno. Et ---, tu t'appelles comment ? • 2. Et tes copains, ils s'appellent comment, --- ? • 3. ---, on est français. Il est de quelle nationalité --- ? • 4. Elles sont italiennes, --- aussi ?

c. 💬 Regardez la photo et discutez :

– Lui, il a quel âge, à ton/votre avis ?
– Je ne sais pas. Trente ans, peut-être ?
– Non, il a quarante ans, je pense…

4. Quels livres et quelles BD ?

a. Observez :

	ADJECTIFS INTERROGATIFS	ADJECTIFS QUALIFICATIFS	ADJECTIFS POSSESSIFS				
			je	tu	il/elle	vous	ils/elles
masc. sing.	quel ?	dur, jeune, vieux	mon	**ton**	son	votre	leur
fém. sing.	quel**le** ?	dur**e**, jeune, vie**ille**	ma	**ta**	sa	votre	leur
masc. pluriel	quel**s**	dur**s**, jeune**s**, vieux	mes	**tes**	ses	vos	leurs
fém. pluriel	quel**les**	dur**es**, jeune**s**, vie**illes**	mes	**tes**	ses	vos	leurs

b. Vérifiez que vous comprenez en complétant (si nécessaire) :

1. Quel--- films est-ce que tu aimes ? • 2. Quel--- sont t--- coordonnées ? • 3. Quel--- est t--- numéro de téléphone ?
• 4. Est-ce que t--- travail est fatigant--- ? • 5. T--- profession est amusant--- ? • 6. Quel--- est t--- BD préféré--- ? •
7. Quel--- sont vo--- films préféré--- ?

5. Qu'est-ce que vous dites ?

*T'aimes ça ? = Tu aimes ça ?

a. Observez :

POSER DES QUESTIONS		
Tu aimes le jazz ?	Est-ce que tu aimes le jazz ?	Aimez-vous le jazz ?
C'est intéressant ?	Est-ce que c'est intéressant ?	Est-ce intéressant ?
Tu es d'où ?	D'où est-ce que vous êtes ?	D'où êtes-vous ?
Tu parles quelles langues ?	Quelles langues est-ce que vous parlez ?	Quelles langues parlez-vous ?
Tu fais quoi ?	Qu'est-ce que vous faites ?	Que faites-vous ?
Quel est ton/votre sport préféré ? Quelle est votre profession ?		

b. Vérifiez que vous comprenez en transformant en question avec est-ce que :

1. Vous êtes canadienne ? • 2. Tu connais mon amie Claire ? • 3. Vous vous appelez comment ? • 4. Ça s'écrit comment ? • 5. Est-il fonctionnaire ? • 6. Tu préfère quoi ? • 7. Tu pars où ? • 8. Vous travaillez dans quelle branche ?

c. 🗩 Jouez la conversation :

– Aimez-vous le cinéma ?
– Pardon ? Vous pouvez répéter ?
– Est-ce que vous aimez le cinéma ?
– Euh… je ne comprends pas, désolé.
– Vous aimez le cinéma ?
– Ah ! Oh oui, bien sûr !

d. 🗩 Jouez d'autres conversations :

aimer le cinéma ➜ être étudiant – avoir un téléphone portable – faire quoi – parler anglais – voyager beaucoup – aller au théâtre – écouter la radio…

> **ÉTUDES**
>
> Étudiant en mathématiques propose cours tous niveaux.
> Tél. 02 30 66 76 45.

6. Être étudiant

> Problèmes en physique, histoire, géographie ?
> Tél. 02 56 23 41 80.

> ÉTUDIANTE SÉRIEUSE propose aide à élèves de collège et lycée en français, anglais et économie. Tél. 02 34 56 78 72.

a. Observez :

PARLER DES ÉTUDES
– Tu es étudiant(e) en quoi ? / Vous êtes étudiant(e) en quelle matière ? / Qu'est-ce que vous étudiez ?
– Je suis étudiant(e) en… / Je fais des études de…
– Vous êtes bon(ne) en anglais / … ?
– Je suis bon(ne) / mauvais(e) en…
(les sciences, l'économie, les langues étrangères, les maths, l'informatique, la psychologie, le droit…)

b. 📼 🔊 Écoutez la conversation puis écrivez une annonce possible pour cet étudiant.

– Tu fais quoi, toi ?
– Moi, je suis étudiant.
– En quoi ?
– Pardon ?
– Tu étudies quelle matière ?…

1. Études au Québec

Complétez avec un mot :

– Je voudrais --- au Québec.

– ---?

– Oui, moi !

– Pour --- des études ? --- veux étudier ---?

– Je --- sais pas, --- physique ou la chimie.

– Mais --- est --- niveau de français ?

– Je ne suis --- vraiment ---, mais --- comprends bien.

– Mais pourquoi ----ce que tu veux aller --- Québec ?

2. Conversation sur « le chat » (Internet)

a. **Corrigez et complétez.**

Sur Internet, quand on a une conversation sur « le chat », on écrit vite, on n'écrit pas complètement tout.
Corrigez et complétez les phrases de cette conversation :

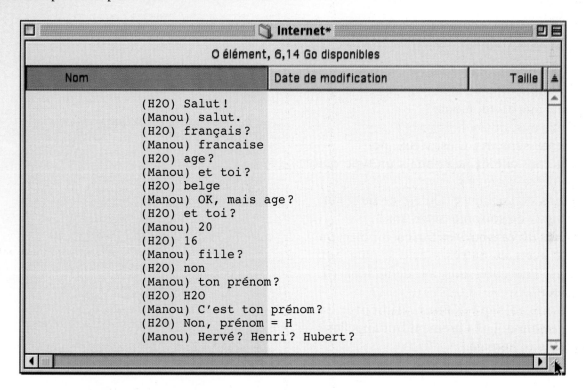

b. **Continuez la conversation.**

(H2O s'appelle Herbert Oozeer.)

c. Au téléphone (suite). **H2O et Manou se téléphonent. Imaginez et jouez la conversation.**
Utilisez ces phrases : Moi, j'aime la gymnastique / j'étudie trois langues étrangères et l'économie / etc.

3. Questions de goûts

Vous préparez une enquête sur les goûts et les loisirs. Écrivez vos questions :
1. à une dame de 40 ans ; **2.** à un enfant de 8 ans ; **3.** à un jeune couple.
(Questions sur le sport, la musique, les chanteurs, les actrices, etc.)

N.B. Il n'est pas nécessaire de tout comprendre !

I. Conversations

🔊 **Écoutez les conversations et dites si les personnes se tutoient ou se vouvoient.**

a. tu ❑ vous ❑   **c.** tu ❑ vous ❑
b. tu ❑ vous ❑   **d.** tu ❑ vous ❑

2. Interview d'un élève (2000)

🔊 ✍ **Présentez-le.**

Il s'appelle…, il a …, il aime …, il n'aime pas…

3. Film (Extrait de *Hommes, femmes, mode d'emploi* de Claude Lelouch, 1995)

🔊 **Écoutez et répondez:**

– Lui, il a quel âge ? Et elle, elle a quel âge ?

4. Littérature (Extrait de *Four Roses for Lucienne* de Roland Topor, éd. Christian Bourgeois, 1967).

Lisez et répondez:

L'enfant s'appelle…, il a…, il connaît… Il parle à un homme qui a … ans. Le vieux qui a 76 ans…

– Quel âge as-tu, môme ?

– Onze ans, m'sieur. Et vous ?

– Trente-sept ans. C'est vieux, non ?

– Pas tant que ça. Je connais un type qui a soixante-seize ans.

– Tu as de la chance. Qu'est-ce qu'il fait, ton vieux de soixante-seize ans ?

– Rien. Il va souvent au café boire un verre avec les autres vieux. Il joue aux cartes. Pourquoi vous me demandez ça, m'sieur ?

– Je ne sais pas. Pour alimenter la conversation. […] Comment tu t'appelles ? demanda l'homme.

– Jacques. Ce n'est pas tellement original. Je préfère que vous m'appeliez môme.

Un môme = un enfant. •
Un type = un homme/un monsieur. •
Pour alimenter la conversation = pour parler.

I. Qu'est-ce qu'ils peuvent dire ?

Que diriez-vous à leur place ?

2. Conversation sur Internet

🖊 Choisissez un pseudonyme (A.D. ou F.F.), regardez les fiches des jeux de rôles (p. 155 pour A.D. et p. 157 pour F.F.) et jouez à deux une conversation, comme sur Internet, en écrivant :

(A.D.) salut !

(F.F.) salut !

(A.D.) tu…

3. Rencontres

a. Choisissez un rôle et regardez les fiches de jeux de rôles (A, p. 155 ; B, p. 157).

A est chez des amis français. Il parle avec B, le jeune fils de ces amis.

b. Choisissez un rôle et regardez les fiches de jeux de rôles (A, p. 155 ; B, p. 157).

Dans l'avion de Paris à Madrid. A et B font connaissance.

MAIS QU'EST-CE QU'ILS FONT ?

OBJECTIFS : présenter ses activités quotidiennes, préciser l'heure, le moment de la journée et le jour ; la durée.

BAGAGES

1. L'heure

a. Observez :

— IL EST QUELLE HEURE ?/VOUS AVEZ L'HEURE ? — IL EST...			— À QUELLE HEURE ? — À...
	L'heure courante		**L'heure officielle**
	midi	12 h 00	douze heures
	midi cinq	12 h 05	douze heures cinq
	une heure et quart	13 h 15	treize heures quinze
	deux heures vingt-deux	14 h 22	quatorze heures vingt-deux
	trois heures de l'après-midi	15 h 00	quinze heures
	six heures du matin	06 h 00	six heures
	six heures du soir	18 h 00	dix-huit heures
	minuit	00 h 00	zéro heure
	minuit trois	00 h 03	zéro heure zéro trois

Horloge : moins cinq, cinq, et quart, vingt-cinq, et demie, moins vingt, moins le quart

b. Vérifiez que vous comprenez en écrivant l'heure en heure courante. *Exemple :* 06 h 05 ➜ six heures cinq.
07 h 15 – 08 h 30 – 09 h 45 – 09 h 55 – 18 h 15 – 12 h 15 – 00 h 30 – 19 h 45.

c. 🔊 **À la gare. Écoutez la conversation.**

d. 💬 **Jouez d'autres conversations :**
10.45 ➜ 14.15 – 15.35 – 16.25 – 09.10 – 13.50 – 17.05 – 19.20...

2. Qu'est-ce qu'ils font ?

a. Observez :

sortir

se coucher

finir de travailler

prendre son petit déjeuner

dormir

se lever

commencer à travailler

prendre le bus

b. 🔊 ✍️ **Vérifiez que vous comprenez en écoutant les enregistrements :** choisissez sur les images les activités qui correspondent et écrivez une petite phrase pour chaque image. *Exemple :* Ils se couchent à 10 h du soir.

3. Quand ?

a. Observez :

avant 3 h	à 3 h	vers 3 h	entre 3 et 4 h	de 3 à 4 h	après 4 h
5-6 h	7-12 h	12 h	14-18 h	18-22 h	22-24 h	
tôt le matin	le matin	à midi	l'après-midi	le soir	tard le soir	la nuit

b. 💬 **Faites un dialogue à partir des images de la p. 64.**
Exemple :
– Elle joue au tennis entre 6 et 7 heures du soir, je crois.
– Pas avant ?
– Non, avant, elle travaille.
tennis ➜ manger – prendre le bus – etc. • avant ➜ après – le matin – etc.

4. Quel jour ?

a. Observez :

JOURS ET SEMAINE
Les 7 jours de la semaine : lundi, mardi, mercredi, jeudi, vendredi, samedi, dimanche.
En semaine = le lundi, le mardi, le mercredi, le jeudi et le vendredi (tous les lundis, tous les mardis…).
Le week-end = le samedi et le dimanche. (Au Québec, on dit « la fin de semaine ».)

b. 💬 **Enquête. Jouez la conversation :**
– Pardon, c'est pour une enquête… Vous acceptez de répondre à quelques questions ?
– Oui, je veux bien.
– Vous vous levez à quelle heure ?
– Le week-end ?
– Non, en semaine.
– Je me lève tous les jours à 7 heures et demie. Mais le samedi et le dimanche, ça dépend… vers 8 ou 9 heures.
– Et vous vous couchez à quelle heure ?

c. 💬 **Continuez la conversation puis posez les mêmes questions à votre voisin(e) et notez ses réponses :**
– En semaine, il /elle…

5. Ça dure longtemps ?

a. Observez :

– Vous travaillez **de** quelle heure **à** quelle heure ?
– Je travaille de 8 h du matin à 6 h. / Je commence à travailler à 8 h et je finis à 6 h.
– **Combien de temps** dure la pause ?
– Nous avons une pause d'un quart d'heure.
– **Quand** commence et finit ton cours de maths ?
– J'ai cours de 9 h à midi : mon cours dure trois heures.

b.  Demande de renseignements. **Écoutez la conversation, puis jouez d'autres demandes de renseignements à Radio 7/7.**

Radio 7/7
(97,7 FM)

7 jours sur 7,
24 heures sur 24 !

7 h 00 – 9 h 00 Informations
9 h 00 – 10 h 00 Musique d'ici
10 h 00 – 12 h 00 Humour et musique
12 h 00 – 13 h 00 Informations, culture
13 h 00 – 14 h 00 Musique d'ailleurs
14 h 00 – 17 h 00 Musique et magazines
17 h 00 – 18 h 00 Arts et culture
18 h 00 – 19 h 00 Sports

6. Elle ne la regarde pas ?

a. Observez :

LES PRONOMS COMPLÉMENTS		
– Vous faites **la** sieste ?	– Oui, je **la** fais. – Non, je ne **la** fais pas.	le/la + a, e, i o, u ➜ l' – *Vous écoutez la radio quand ?*
– Vous prenez **le** bus ?	– Oui, je **le** prends.	– *Je **l'**écoute le matin*
– Tu veux **mon** journal ?	– Oui, je **le** veux bien.	
– Vous lisez **les** journaux ?	– Oui, je **les** lis.	– *Tu as ton portable avec toi ?*
– Vous tutoyez **vos** amis ?	– Oui, je **les** tutoie.	– *Non, je ne **l'**ai pas.*

b. Vérifiez que vous comprenez en complétant :

1. Tes copains ? Non, je ne --- connais pas. • 2. La radio ? Oui, je --- écoute le soir. • 3. La télévision ? Non je ne --- regarde pas : je ne --- ai pas. • 4. Mon nom ? Oui, je peux --- écrire. • 5. Votre fille au pair ? Non, je ne --- connais pas du tout. • 6. Mon numéro de téléphone, tu --- connais ? Non ? Tu --- notes maintenant, STP. • 7. – Tu attends le bus ? – Oui, je ---.

c.  Une enquête difficile. **Écoutez la conversation et continuez-la en posant des questions.**
(acheter le journal – prendre le bus – prendre ses repas au restaurant...)

7. Quand ? Aujourd'hui ou jeudi ?

a. Observez :

aujourd'hui	ce matin	ce midi
lundi	lundi matin	lundi à midi
	cet après-midi	**ce** soir
	lundi après-midi	lundi soir

b. Sur l'agenda. **Continuez cette conversation :**
– Qu'est-ce que vous faites, aujourd'hui ?
– Attendez, je regarde mon agenda. Ce matin, je...
– Et mardi ?

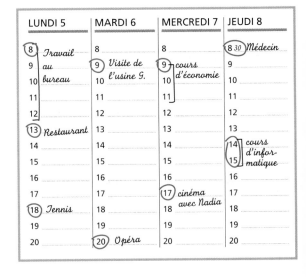

	LUNDI 5		MARDI 6		MERCREDI 7		JEUDI 8
(8)	*Travail*	8		8		(8 30)	*Médecin*
9	*au*	(9)	*Visite de*	(9)	*cours*	9	
10	*bureau*	10	*l'usine G.*	10	*d'économie*	10	
11		11		11		11	
12		12		12		12	
(13)	*Restaurant*	13		13		13	
14		14		14		(14)	*cours*
15		15		15		(15)	*d'infor- matique*
16		16		16		16	
17		17		(17)	*cinéma avec Nadia*	17	
(18)	*Tennis*	18		18		18	
19		19		19		19	
20		(20)	*Opéra*	20		20	

1. Au téléphone

📣 **Retrouvez les questions de cette conversation au téléphone :**

– ---? ➡ – Oui, j'ai cours le lundi matin.

– ---? ➡ – Mon cours commence à 9 h.

– ---? ➡ – À 10 h : j'ai deux heures de cours.

– ---? ➡ – Après ? Je travaille à la bibliothèque.

– ---? ➡ – Oui, aujourd'hui, je mange au restaurant.

– ---? ➡ – Cet après-midi, j'ai un autre cours à 2 h.

– ---? ➡ – Il dure une heure.

– ---? ➡ – Non, je ne vais pas au cinéma aujourd'hui : seulement le dimanche.

– ---? ➡ – Oui, un étudiant très sérieux ! Oh, il est 8 h ! Salut !

2. Un casse-pieds

a. 📣 **Reconstituez la conversation :**

– Bonjour ! Ça va ?

– D'accord ! D'accord !

– Et pourquoi vous ne le lisez pas ?

– Mais je ne peux pas le faire : vous parlez !

– Mmm…

– Mmm…

– Oh ! Désolé ! Et les informations sont intéressantes ?

– Oui, enfin, je voudrais bien le lire.

– Qu'est-ce que vous faites ?

– Très intéressantes, justement ! Et je voudrais bien les lire ! Vous comprenez ?

– Vous ne répondez pas à mes questions. Mais vous lisez le journal, n'est-ce pas ?

b. 📼 💬 **Écoutez la conversation puis jouez-la.**

3. Mal des voyages

📣 💬 📼 **Complétez et jouez la conversation, puis écoutez-la.**

– ---?

– Oui, il est onze heures.

– ---?

– Mais non, du matin !

– ---?

– Mais oui, je suis sûr !

– Excusez-moi, mais ---

– De Nouvelle-Zélande ? Ah je comprends !

– Oui, là-bas, il est onze heures plus treize, il est minuit !

– Et le voyage ---?

– Vingt heures !

– Vingt heures ! C'est fatigant !

– Oui. Bon, au revoir, bonne nuit !

– Non, bonne journée !

I. Théâtre (Entendu au festival « off » d'Avignon, juillet 2000).

Écoutez et répondez :

– Il est quelle heure ?

2. Interview d'une Gabonaise (Extrait, 2000)

Écoutez et répondez :

– Frédérique a cours quand ?

3. Messages

Écoutez les messages sur répondeur et dites à quelle affiche ils correspondent.

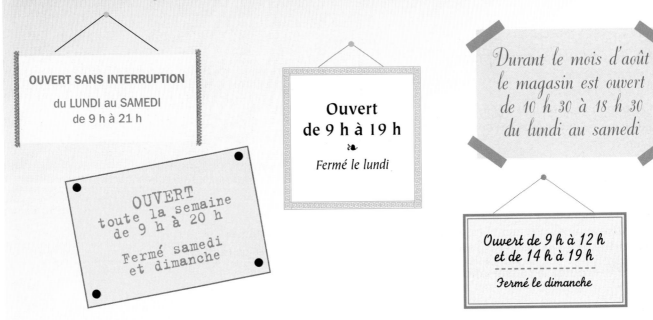

OUVERT SANS INTERRUPTION

du LUNDI au SAMEDI
de 9 h à 21 h

Ouvert
de 9 h à 19 h
Fermé le lundi

Durant le mois d'août le magasin est ouvert de 10 h 30 à 18 h 30 du lundi au samedi

OUVERT
toute la semaine
de 9 h à 20 h

Fermé samedi
et dimanche

Ouvert de 9 h à 12 h et de 14 h à 19 h
Fermé le dimanche

4. Littérature (Extrait de *Rue des boutiques obscures* de Patrick Modiano, éd. Gallimard, 1978.)

Lisez et répondez :

– Qui téléphone ? Paul ou Guy ?
– Il téléphone à quelle heure ? À 19 h 30 ou 22 h 15 ?
– Est-ce qu'ils sont de bons amis ?

> – Allô, monsieur Paul Sonachitzé ?
> – Lui-même.
> – Guy Roland à l'appareil… Vous savez, le…
> – Mais oui, je sais ! Nous pouvons nous voir ?
> – Comme vous voulez…
> – Par exemple… ce soir vers neuf heures, rue Anatole-de-la-Forge ? Ça vous va ?
> – Entendu.
> – Je vous attends. À tout à l'heure.
> Il a raccroché brusquement.

à l'appareil = au téléphone. • Entendu = d'accord/j'accepte.

I. Répondeur

🔊 **Vous téléphonez et vous entendez ce message. Qu'est-ce que vous faites ?**

2. Qu'est-ce qu'ils peuvent dire ?

Que diriez-vous à leur place ?

3. De quoi est-ce qu'elles parlent ?

🔊 **Vous êtes près de deux personnes qui discutent. Vous entendez la conversation et vous essayez de comprendre de quoi elles parlent. Écoutez une seule fois.**

Réponse : un(e) ...

4. Un rendez-vous difficile

Deux collègues de travail se téléphonent. Choisissez votre rôle, A ou B, et regardez les fiches de jeux de rôles (A, p. 155 ; B, p. 157).

OBJECTIFS : expliquer où se trouve un lieu, demander son chemin dans une ville ou un village.

BAGAGES

1. Où est-ce que c'est ?

a. Observez :

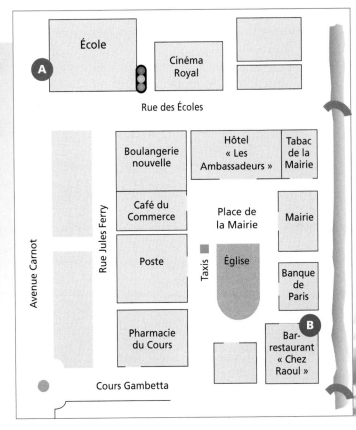

Un/Le ? (LES ARTICLES)
Dans la petite ville,
– il y a **un** café : c'est **le** café « Chez Francis »,
– il y a **une** pharmacie : c'est **la** pharmacie du Centre,
– il y a **des** taxis : ce sont **les** taxis de la ville.

b. Vérifiez que vous comprenez : regardez le plan de la petite ville et complétez/précisez.

Il y a un tabac : c'est --- • Il y a une banque : --- • Il y a un cinéma : --- • Il y a un hôtel : --- • Il y a un café : --- • Il y a une boulangerie : --- • Il y a une pharmacie : ---

c. Observez :

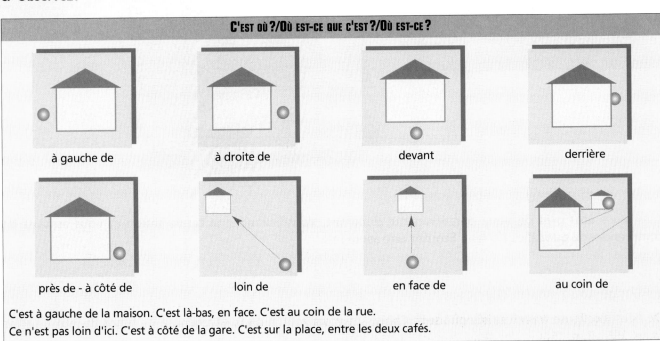

C'EST OÙ ?/OÙ EST-CE QUE C'EST ?/OÙ EST-CE ?

à gauche de   à droite de   devant   derrière

près de - à côté de   loin de   en face de   au coin de

C'est à gauche de la maison. C'est là-bas, en face. C'est au coin de la rue.
Ce n'est pas loin d'ici. C'est à côté de la gare. C'est sur la place, entre les deux cafés.

2. C'est loin ?

a. Observez :

DE + ARTICLE DÉFINI, À + ARTICLE DÉFINI (RAPPEL ET SUITE)		
à + le → **au**	de + le → **du**	*Je vais à l'école/au cinéma/à la poste.*
à + la → à la	de + la → de la	*Je viens de l'école/du cinéma/de la poste.*
à + l' → à l'	de + l' → de l'	*C'est près de l'école. C'est loin du cinéma.*
à + les → **aux**	de + les → **des**	*C'est à côté des cabines téléphoniques.*

b. Vérifiez que vous comprenez en complétant :

1. Le cinéma est à côté --- école. • 2. Le café du commerce est à gauche --- boulangerie. • 3. La pharmacie n'est pas loin --- église. • 4. La banque est à droite --- bar-restaurant. • 5. Le tabac est en face --- mairie. • 6. Le musée est au coin --- rue.

c. Jouez la conversation :

– Excusez-moi, je cherche le cinéma Royal…
– Vous voulez aller au cinéma ? Ce n'est pas loin : c'est là-bas, à gauche de la poste. Vous voyez ?
– Oui, je vois. Merci beaucoup.

d. Jouez d'autres conversations :

le cinéma/à gauche/la poste → la gare/près/l'hôtel – le café/au coin/la place – le restaurant/à côté/les cabines téléphoniques – le musée/à droite/le pont.

3. La première ou la dernière ?

a. Observez :

1er/1re : premier/première,
2e : deuxième (second/seconde),
3e : troisième, 4e : quatrième…
6e : sixième…, 9e : neuvième…
17e : dix-septième…, 21e : vingt et unième…
… avant-dernier, dernier/dernière.

b. Écoutez et notez les ordinaux que vous entendez :

1. troisième............. 2. .... 3. ....
4. .... 5. .... 6. ....

4. Je cherche la mairie

a. Observez :

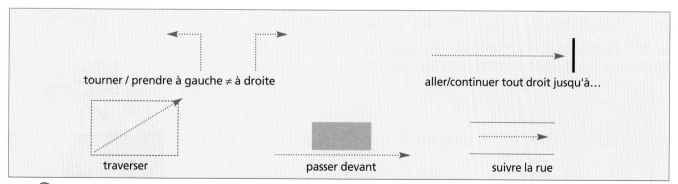

tourner / prendre à gauche ≠ à droite

aller/continuer tout droit jusqu'à…

traverser

passer devant

suivre la rue

b. Expliquez à un touriste où est la mairie, la pharmacie du Cours, etc.

Il est au coin de l'école (en A sur le plan de la petite ville, p. 70).

5. D'abord...

a. Observez:

POUR RACONTER OU EXPLIQUER			
1	**2**	**3**	**... (dernier)**
Premièrement...	Deuxièmement...	Troisièmement...	En dernier...
D'abord... / Pour commencer...	Après/Ensuite...	Ensuite...	Enfin... / Pour finir...

b. 🗨 Expliquez le chemin pour aller de A en B (voir plan p. 70).
– D'abord, vous allez tout droit jusqu'aux feux…

6. C'est bien la 3ᵉ à droite ?

a. Observez:

DEMANDER SON CHEMIN		
– Excusez-moi, monsieur,	pour aller au musée ?	– Merci beaucoup.
– Monsieur, s'il vous plaît,	je cherche le musée. / vous savez où est le musée ?	– Je vous remercie.

Pour demander confirmation :
– Je prends d'abord la 3ᵉ rue à gauche, n'est-ce pas ? Et ensuite, la 1ʳᵉ à droite. C'est ça ?
– Je prends à droite après les feux, et après, c'est toujours tout droit. C'est bien ça ?

b. 🗨 Jouez une conversation avec votre voisin(e) qui demande toujours confirmation.
– Excusez-moi, je cherche…
– Oui, ce n'est pas compliqué. Vous…

7. En ville

a. Observez:

UN/UNE/DES ➔ PAS DE (L'ARTICLE INDÉFINI, SUITE)	
– Vous avez **un** téléphone portable ?	– Il y a **des** banques, dans le village ?
– Non, je n'ai **pas de** portable.	– Non, il n'y a **pas de** banque, ici.
Attention ! C'est un/une ➔ ce n'est pas un/une… Ce sont des ➔ ce ne sont pas des…	

b. Vérifiez que vous comprenez en complétant:
1. Il y a une banque, mais il n'y a pas --- pharmacie près d'ici. • 2. Ici, ce n'est pas --- ville, c'est un village. • 3. Il ne propose pas --- cours de maths. • 4. Elle ne fait pas --- sieste à midi. • 5. Il n'y a pas --- film à la télé, ce soir ? • 6. Ce ne sont pas --- Italiens, ce sont des touristes français ! • 7. Des taxis ? Non, il n'y a pas --- taxis, ici.

c. 🗨 Continuez ce dialogue avec votre voisin(e) (la réponse aux questions est toujours non !).
– Excusez-moi, il y a un musée, ici ?
– Non, désolé, il n'y a pas de musée.
– Ah bon… Et il est loin d'ici ?
– Non, pas loin. Vous voyez la banque à droite de la mairie ?
– Non, je ne vois pas de banque.
– Eh bien, votre musée, il est derrière la banque. Vous comprenez ?
– Non, pas très bien. Il y a une mairie à gauche de la banque ? C'est bien ça ?
…

ILS NE VONT PAS BiEN !

PARCOURS

1. Où, exactement ?

📟 📣 **Écoutez la conversation, regardez le plan : complétez les lieux et dites où habite celui qui parle.**

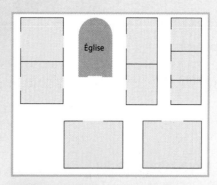

Église

2. Premier essai

📣 💬 **Reconstituez la conversation et jouez-la.**
– Ah ? Désolé, je ne connais pas. Je ne suis pas d'ici.
– Je cherche le musée…
– Je vous demande pardon…
– Le musée ? Il y a un musée, ici ?
– Oui, le musée de la Poste.
– Oui ?

3. Deuxième essai

📣 💬 **Reconstituez la conversation et jouez-la.**
– Ah non, il n'y a pas de bus !
– Ah ! Et c'est loin ?
– Au troisième carrefour, oui…
– Bon… il y a des bus, ici ?
– Excusez-moi, pour aller au musée de la Poste, s'il vous plaît.
– Là, vous tournez à droite, vous traversez la place, vous prenez la première rue à gauche, et c'est là !
– Loin, non, mais compliqué. Bon… alors vous voyez la rue, là ? Vous la prenez jusqu'au troisième carrefour.
– Ouh là ! C'est compliqué !
– Oui… il y a des feux…
– Un carrefour avec des feux, oui…

4. Troisième (et dernier) essai

📣 📟 **Lisez le début et la fin de cette conversation. Imaginez et écrivez la partie qui manque (plusieurs répliques) puis écoutez la conversation complète.**
– Taxi ! Bonjour, monsieur, je vais au musée de la Poste.
– Au musée de la Poste ?
– ---
– Ah bon ! Merci !

5. Adresses

📟 📣 **Notez les adresses que vous entendez.** *Exemple :*

Monsieur Louis Lumière
30, rue des Écoles
69007 LYON

I. Théâtre (Entendu au festival « off » d'Avignon, juillet 2000).

Écoutez et répondez :
– Combien de fois est-ce qu'il doit tourner à gauche ?
– Où est situé l'immeuble ?

2. Brochure

Lisez et répondez :
– Qu'est-ce qui est intéressant à Cholet ?

VISITER CHOLET...

Avec les guides-conférenciers de l'Office de tourisme, visitez la vieille ville pour découvrir le passé de Cholet au fil des rues, des places, des hôtels particuliers, des musées...

Informations auprès de l'Office de tourisme.
Tél. 02 41 49 80 80

3. Littérature (Extrait de *Zazie dans le métro* de Raymond Queneau, éd. Gallimard, 1959.)

Lisez et répondez :

– Il veut aller où ? C'est compliqué, ou non ?

> – Pardon, meussieu l'agent, vous ne pourriez pas m'indiquer le chemin le plus court pour me rendre à la Sainte-Chapelle, ce joyau de l'art gothique ?
> – Eh bien, répondit automatiquement Trouscaillon, voilà. Faut d'abord prendre à gauche, et puis ensuite à droite, et puis lorsque vous serez arrivé sur une place aux dimensions réduites, vous vous engagez dans la troisième rue à droite, ensuite dans la deuxième à gauche, encore un peu à droite, trois fois sur la gauche, et enfin droit devant vous pendant cinquante-cinq mètres. Naturellement, dans tout ça, y aura des sens interdits, ce qui vous simplifiera pas le boulot.
> – Je vais jamais y arriver, dit le conducteur.

Meussieu = monsieur (Queneau l'écrit comme on le prononce).

AVENTURES

1. Répondeur

Vous téléphonez et vous entendez ce message. Qu'est-ce que vous faites ?

2. Visite d'un ami

L'étudiant(e) qui choisit le rôle A reste lui (elle)-même.
L'étudiant(e) qui choisit le rôle B joue le rôle d'un(e) ami(e) français(e) qui arrive dans la ville de A.
Il téléphone à A pour lui demander comment aller chez lui. B prend des notes.

3. De quoi est-ce qu'ils parlent ?

Vous entendez cette conversation. Pouvez-vous deviner de quoi ils parlent ?

4. Qu'est-ce qu'ils peuvent dire ?

Que diriez-vous à leur place ?

J'AI BESOIN DE CHANGER D'AIR !

OBJECTIFS : présenter ses projets et ses intentions, préciser la date et la saison, expliquer ses choix, parler du temps qu'il fait et de vacances.

BAGAGES

I. C'est quand ?

a. Observez :

À quelle date ? Quand ?	Le 1er (premier) et le 2 (deux) juillet. Du 3 au 14 mars.
En quel mois ?	En janvier, en février / mars / avril / mai / juin / juillet / août / septembre / octobre / novembre / décembre.
En quelle saison ?	Au printemps / en été / en automne / en hiver.
C'est quelle date aujourd'hui ?	C'est le premier / le six / le trente et un juillet.

b. Vérifiez que vous comprenez : dites la date et la saison.
1. le 01/03. • 2. 21/03 → 20/06. • 3. 31/12. • 4. 22/12 → 20/03. • 5. 15/08. • 6. 01/04. • 7. 17/09. • 8. 21/10.

c. 🔊 Besoin de vacances ! Écoutez la conversation :
– Dis, tu as un calendrier, là ?
– Oui, pourquoi ?
– Les vacances d'été, c'est quand ?
– Attends… du premier juillet au 5 septembre.
Pourquoi ? Tu as besoin de vacances ?
– Ah oui alors ! Elles commencent à quelle date, tu dis ? Le 1er juillet ? Ouh là là ! Ça va être long !

d. 🗣 Jouez d'autres conversations à propos des vacances de printemps, d'automne, d'hiver.

2. Demain ou dans trois jours ?

a. Observez :

Le futur proche	Pour préciser quand, dans le futur
aller + verbe à l'infinitif	– tout à l'heure, **dans** une heure, ce soir, bientôt ;
– Je **vais** aller à Paris demain mais je ne vais pas visiter la tour Eiffel.	– demain, après-demain, dans 3 jours, dans 6 mois ;
– Elles ne **vont** pas le répéter.	– la semaine **prochaine**, le mois prochain, l'an prochain/l'année prochaine.
– Elle ne **va** pas être d'accord.	

b. Vérifiez que vous comprenez en mettant au futur proche.

1. Je voyage. ➜ *Je vais voyager.* • 2. Elle adore l'opéra. • 3. Elles prennent le bus. • 4. Il parle russe. • 5. Tu étudies la chimie ? • 6. Vous habitez à Rome. • 7. Ils sont étudiants ? • 8. J'ai un portable. • 9. Elle travaille beaucoup. • 10. Vous traversez la place. • 11. Vous continuez tout droit. • 12. Je me couche tôt. • 13. Mes vacances durent longtemps.

c. 🗨 Ça va être formidable ! Continuez cette conversation entre Sandrine, étudiante (regardez son mémo), et une amie.

– Qu'est-ce que tu vas faire, toi, demain ?
– Demain, attends… c'est samedi ? D'abord, je vais me lever tôt !
– Et ensuite ?
– Après, je…

d. 🗨 Imaginez une autre conversation entre Lionel Grapin, journaliste (regardez son mémo), et un collègue de travail :

– Qu'est-ce que vous allez faire, vous, mardi ?
– ---

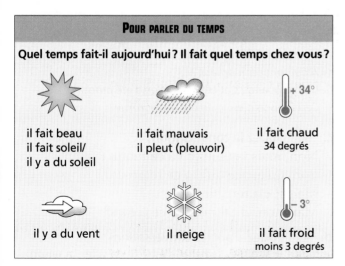

MÉMO
• me lever tôt
• tennis avec Zoé
• écrire à Barbara
• acheter BD
• sieste !
• regarder film
La Fille sur le pont
(20 h 30)

MÉMO
• acheter journaux
• téléphoner à Ecco
• visite usine Someca
• chez le médecin
• fax à Bernard
• interview de M. Gallo
• soir : théâtre

3. Temps de saison !

a. Observez :

Pour parler du temps
Quel temps fait-il aujourd'hui ? Il fait quel temps chez vous ?

il fait beau
il fait soleil/
il y a du soleil

il fait mauvais
il pleut (pleuvoir)

il fait chaud
34 degrés
+ 34°

il y a du vent

il neige

il fait froid
moins 3 degrés
– 3°

b. 🗨 Jouez cette conversation :
– Quel temps il va faire demain ?
– Il va faire chaud ! C'est *super, non ?
– Ah non, moi, j'aime quand il fait froid !
– Mais il fait froid en hiver, maintenant il fait chaud, c'est normal !

c. 🗨 Jouez d'autres conversations (c'est formidable, c'est terrible).

d. 🗨 Dites quel temps vous aimez et quelle saison vous préférez.

4. J'y suis, j'y reste !

> *PARIS ? J'Y SUIS NÉ, J'Y HABITE, J'Y TRAVAILLE, MOI ! JE N'Y SUIS PAS TOURISTE, MOI !*

a. Observez :

Y, EN	
– Vous allez où ? À Orléans ?	– Oui, on y va ensemble. (y = à Orléans)
– Il fait beau en Espagne ?	– Oui, il y fait très beau ! (y = en Espagne)
– Vous passez par l'avenue ?	– Non, je n'y passe pas. (y = par l'avenue)
– Vous connaissez Bordeaux ?	– Bien sûr ! J'en viens ! (en = de Bordeaux)

b. Vérifiez que vous comprenez en répondant aux questions (oui ou non). Employez en ou y.

1. Vous travaillez à l'usine ? • 2. Vous voyagez en France ? • 3. Elles habitent dans ce village ? • 4. Il sort de la banque ? • 5. Ils mangent au restaurant ? • 6. Elles viennent du cinéma ? • 7. Elle va au théâtre ? • 8. Tu apprends la géographie à l'école ? • 9. Vous venez de Barcelone ?

c. 🗩 Jouez la conversation :

– Vous allez à Paris maintenant ?
– Oui, j'y vais. Et vous ?
– Moi, non, je n'y vais pas, j'en viens.

d. 🗩 Jouez d'autres conversations :

à Paris ➜ au restaurant – au cinéma – en Italie – etc.

5. Vous avez des projets ?

a. Observez :

POUR PARLER DE PROJETS
– Qu'est-ce que **vous avez l'intention de** faire ? / Qu'est-ce que **vous allez** faire ?
– **J'ai l'intention de / Je vais** prendre des vacances / changer de profession…

b. 🔲 Ah, les vacances ! Écoutez la conversation.

– Quand est-ce que tu prends tes vacances ?
– Oh ! je vais les prendre dans un mois.
– Avec ou sans tes parents ?

c. Jouez quelques suites possibles :

– … Et toi ?
– Pour moi, l'important, c'est de me reposer…

– … Et toi ?
– Moi, j'ai besoin de soleil…

6. Non, mais vous avez vu ce temps !

a. Observez :

LES DÉMONSTRATIFS			
masculin	féminin	pluriel	– *Vous voyez ce bus, là-bas ?*
ce	cette	ces	– *À qui sont ces journaux ?*
ce + a, e, i, o, u, h → **cet**			– *Il vient quand ? Cet été ?* – *Non, l'été prochain.*
			– *Cette saison n'est vraiment pas normale !*

b. Vérifiez que vous comprenez en complétant avec un adjectif démonstratif :

1. On se voit --- soir. • 2. Il prend --- avenue-là. • 3. Elle préfère --- opéra. • 4. --- profession vous intéresse ? • 5. Il vient --- week-end. • 6. --- hôtel est fermé en mai. • 7. Vous aimez --- danses ? • 8. --- travail est fatigant ? • 9. Ils cherchent --- monsieur ? • 10. --- enfant est jeune.

c. 🗩 Jouez la conversation :

– Non, mais vous avez vu ce temps ?
– Bon, qu'est-ce qu'il a ce temps ?
– Mais il est terrible !
– Mais non, il est normal ce temps !

d. 🗩 Jouez d'autres conversations :

le temps ➜ la pluie - la neige - le froid - la ville - la saison.

1. Parler de la pluie et du beau temps

a. 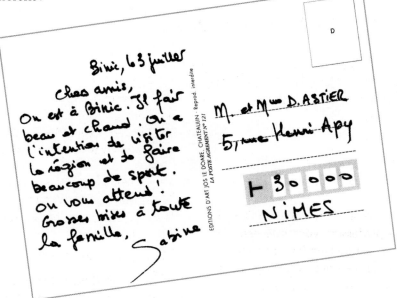 **Complétez cette conversation :**

– Pardon, --- ?
– Oui, je suis d'ici pourquoi ?
– Parce que je --- euh la rue.
– Quelle rue ?
– --- rue, là !
– Ah ! je vois, vous cherchez un sujet de conversation !
– Euh…, oui.
– Eh bien, on peut parler du temps. Il ---, hein ?
– Euh oui, il fait beau.
– Un peu --- pour --- saison, peut-être, non ?
– Oui, oui, un peu froid, mais il va faire --- demain !
– Oui, mais c'est bien normal, nous sommes en mai.
– Oui, euh… vous êtes étudiante ?
– Ah ah ! Vous changez déjà de sujet ? --- sujet ne vous intéresse pas ? Alors je réponds : oui j'habite dans --- ville, j'--- suis née et j'--- suis étudiante, non je n'habite pas chez mes parents, ça va ?

b. **Écoutez l'enregistrement, puis jouez la conversation.**

2. Les vacances, un autre sujet de conversation

Reconstituez chaque réplique de cette conversation, puis écoutez l'enregistrement.

– / ? / avez / de / est-ce / faire / intention / l' / les / pour / prochaines / Qu' / que / vacances / vous
– / , / . / aller / en / Je / je / pense / Provence / vais
– / . / ? / ? / : / aimez / allez / En / la / Mais / Bretagne / n' / pas / Provence / vous / vous / y
– / , / . / . / changer / en / j' / Je / Non / un peu / vais / viens

3. Carte postale

Écoutez la conversation téléphonique puis lisez la carte postale.

– Les informations sont-elles complètes ?
– Qu'est-ce qui est différent ?

1. Conversations

🔊 **Notez les dates que vous entendez.**

a. ....   b. ....   c. ....

2. Interview d'une Gabonaise (Extrait, 2000)

🔊 **Écoutez et répondez :**

– Il fait chaud au Gabon ? Combien en moyenne ?

– Combien de temps dure la saison des pluies ?

– Quand il fait très chaud, il fait combien de degrés ?

3. Littérature (Extrait de *L'Amant* de Marguerite Duras, Éditions de Minuit, 1984.)

Lisez et répondez :

– Ce pays connaît une seule saison, laquelle ?

J'ai quinze ans et demi, il n'y a pas de saisons dans ce pays-là, nous sommes dans une saison unique, chaude, monotone, nous sommes dans une longue zone chaude de la terre, pas de printemps, pas de renouveau.

Je suis dans une pension d'État à Saigon. Je dors et je mange là, dans cette pension, mais je vais en classe au-dehors, au lycée français.

L'Amant, film d'après le roman de M. Duras.

1. Le répondeur

🔊 **Vous téléphonez et vous entendez ce message. Qu'est-ce que vous faites ?**

2. De quoi est-ce qu'ils parlent ?

🔊 **Vous êtes près de deux personnes qui discutent. Vous essayez de comprendre de quoi elles parlent. Écoutez une seule fois.**

Réponse : un(e) …

3. Qu'est-ce qu'ils peuvent dire ?

Que diriez-vous à leur place ?

4. On y va ensemble ?

Deux ami(e)s se téléphonent. Choisissez votre rôle (A ou B), regardez les fiches de jeux de rôles (A, p. 155 ; B, p. 157) et continuez la conversation ci-dessous.

A (au téléphone) salue.	**B** (au téléphone) salue.
– Dis, tu vas partir en vacances cet été ?	– Oui, je pense.
– Où est-ce que tu vas aller ?	– Je ne sais pas, peut-être en Grèce.
– En Grèce ? Super ! On y va ensemble ?	– Pourquoi pas ?
– Tu peux partir quand, toi ?	– ---

5. Carte postale

🔊 ✍ **Écoutez la conversation téléphonique de Thierry avec Clara. Maintenant Thierry écrit une carte postale d'Avoriaz à un collègue de travail (il le vouvoie). Écrivez sa carte.**

Avoriaz, le …
Cher ami,

Meilleures amitiés.
Thierry

Deuxième Escal

Test 1. Complétez le tableau (verbes).

ÉCRIRE	---	---	---	---
j'	j'attends	je ---	--- ---	--- ---
elle	elle ---	--- ---	--- ---	--- ---
on	--- ---	--- ---	on sort	--- ---
vous	--- ---	--- ---	--- ---	vous payez
ils	--- ---	ils veulent	--- ---	--- ---

• *Des problèmes ? Revoyez ces verbes dans le mémento grammatical.*

Test 2. Complétez le tableau.

aujourd'hui	on finit tard		il reste ici	ils attendent		elle se repose
demain		on va partir à 5 h			ils vont le voir	

• *Des problèmes ? Revoyez l'unité 12.*

Test 3. Qu'est-ce que c'est ?

a. On le prend (mange) le matin tôt. ◆ **b.** Pour les Français, elles durent 5 semaines par an, et ils les prennent souvent en été. ◆ **c.** C'est un mois de l'année souvent très chaud. ◆ **d.** C'est le dernier jour de travail avant le week-end. ◆ **e.** Elle va à l'étranger pour apprendre une autre langue et travaille chez une famille. ◆ **f.** On y va pour acheter un journal ou des cigarettes. ◆ **g.** On y va pour voir des films. ◆ **h.** On l'achète dans un kiosque et on l'ouvre pour le lire.

• *Des problèmes ? Revoyez les unités 7 à 12.*

Test 4. Quel est le contraire (l'antonyme) ?

non ! → *oui/si !* ◆ finir ◆ déjà ◆ se coucher ◆ au revoir ◆ froid ◆ tard ◆ en semaine ◆ dernier ◆ heureux ◆ nuit ◆ midi ◆ ouvert ◆ hiver ◆ derrière ◆ loin ◆ bon ◆ à gauche ◆ soir ◆ rester ◆ avec ◆ se reposer ◆ formidable ◆ intéressant.

• *Des problèmes ? Revoyez les unités 7 à 12.*

Test 5. Répondez et utilisez un pronom (le/la/les ou en/y).

a. Tu vouvoies Christine ? → *Oui, je ---* ◆ **b.** Tu connais mes amis ? ◆ **c.** Il pleut beaucoup en Hongrie ? ◆ **d.** Ils dorment à l'hôtel ce soir ? ◆ **e.** Il fait chaud en Grèce en été ? ◆ **f.** Vous ne lisez pas ce journal ? Non, je --- ◆ **g.** Vous regardez la télévision, ce soir ?

• *Des problèmes ? Revoyez les unités 6 et 8.*

Test 6. Écrivez en chiffres.

Soixante-six → *66* ◆ quarante-deux ◆ cent quatre-vingt-douze ◆ vingt-trois mille six cent cinquante ◆ cent onze mille neuf cent trente-cinq.

• *Des problèmes ? Revoyez les unités 5 et 8.*

Test 7. Écrivez en lettres.

66 → *soixante-six* ◆ 120 ◆ 33 ◆ 72 ◆ 2 222 ◆ 123 456.

• *Des problèmes ? Revoyez les unités 5 et 8.*

Test 8. Écrivez le texte en commençant par demain soir (au futur proche).

J'attends mon amie à la gare. Elle vient de Milan et reste chez moi quinze jours. On fait beaucoup de choses ensemble : on visite des musées, on joue au tennis, on va à l'opéra. → *Demain soir, ---*

• *Des problèmes ? Revoyez l'unité 12.*

ÉVALUATION COMMUNICATIVE

Deux amis se téléphonent. Choisissez votre rôle – A ou B –, regardez les fiches de jeux de rôles (A, p. 155 ; B, p. 157).

Opération Obélisque (épisode 2)

HUMM... C'EST LÀ... HEUREUSEMENT, IL N'EST PAS ENCORE HUIT HEURES...

XO1 ET XO7 SONT LÀ-BAS À HUIT HEURES. JE VEUX DIRE À VINGT HEURES. XO1 ADORE DÎNER "CHEZ JEAN"...

...BON, VOUS M'APPELEZ AVANT MINUIT, D'ACCORD?

AH LES VOILÀ! PARFAIT, JE LES VOIS BIEN D'ICI... ATTENTION, JE...

ZOOM IN X30

ready

DITES-DONC! QU'EST-CE QUE VOUS FAITES LÀ, VOUS?

EH BIEN, VOUS VOYEZ, MADAME, JE CHERCHE... AH, VOILÀ!

VOUS HABITEZ ICI?

NON MADAME, JE SUIS DE LA RÉUNION.

AH, LA RÉUNION! JE VAIS LÀ-BAS DEMAIN! QUINZE HEURES EN AVION! C'EST LOIN...

EUH OUI, EXCUSEZ-MOI, MAIS JE DOIS VOIR DES AMIS EN FACE. AU REVOIR, MADAME.

MONSIEUR, C'EST POUR DÎNER?

OUI, MAIS JE FINIS D'ABORD MON JOURNAL.

MAIS JE VOUS EN PRIE, MONSIEUR...

COMMENT EST-CE QUE JE VAIS FAIRE POUR...

Opération Obélisque (épisode 2, suite)

1. Dans le restaurant, Agénor lit *Le Monde*. Connaissez-vous d'autres journaux français ?
2. On parle quelles langues dans les villes du document qu'Agénor regarde ?
3. Est-ce qu'Agénor a pris le bon porte-document, à votre avis ?
4. Qu'est-ce qui va se passer maintenant ? (Imaginez une suite.)

Signé XX

Moi, j'ai des problèmes. J'ai toujours eu des problèmes et je ne sais pas pourquoi.

Je suis né belge. Être belge, ce n'est pas extraordinaire, mais c'est un peu compliqué parce que nous avons trois langues officielles. Je parle mal le flamand et malheureusement, quand je cherche du travail, avec mes diplômes, c'est ennuyeux : « Vous ne parlez pas flamand ? Vous ne l'écrivez pas non plus ? C'est dommage ! »
Mais c'est peut-être la Belgique qui a des problèmes, et pas moi…

Bien sûr, il y a mon nom : je m'appelle Xavier Icks. À mon avis, c'est un beau nom, mais un nom fatigant. Quand je signe XX par exemple sur un document, il y a des gens qui pensent que je ne sais pas écrire. Ils me regardent gentiment et ils me disent : « Excusez-moi, il faut signer vraiment ! » Quand les gens sont là, devant moi, je répète encore une fois, lentement : « Je suis désolé, je m'appelle Xavier Icks (et j'épelle mon nom de famille). Je signe X pour Xavier et X pour Icks. J'ai toujours signé avec deux X. Vous comprenez ? »… Ils comprennent, ils répondent que c'est amusant, mais ce n'est pas fini : ils ne veulent pas du tout de document avec un XX. Alors, je leur parle encore un quart d'heure, et pour finir, ils acceptent. C'est un peu fatigant. Mais quand les gens ne sont pas devant moi, quand ils sont loin, c'est très dur ! Moi, je ne veux pas changer : je suis né belge et je signe XX. C'est comme ça.
C'est peut-être eux qui ont un problème, et pas moi…

Cette année, en mars, j'ai rencontré une jeune fille, une jeune Française. Elle est étudiante et jeune fille au pair chez une famille qui habite à Wiltz, une ville du Luxembourg. Son prénom, c'est Yvonne. Joli prénom, n'est-ce pas ? Je l'invite plusieurs fois au cinéma pour voir des films romantiques, on se tutoie, et je m'intéresse à la chimie (elle est étudiante en chimie). En avril, je lui propose un week-end dans les Ardennes et elle accepte. Je pense alors : « Histoire classique : dans un mois, on va à la mairie et Yvonne va être ma femme au foyer… »
Le samedi 27 avril, on est dans les Ardennes. Sur le registre de l'hôtel, quand on arrive, elle écrit son nom, Yvonne Igrec. Mais quand je signe XX, elle me dit : « Mais Xavier ! Malheureusement, ça ne va pas ! Nous ne pouvons pas rester ensemble ! C'est terrible, mais j'ai déjà assez de problèmes comme ça. » Et elle part ! Moi, je ne veux pas changer : je suis né belge, je signe XX, et j'aime cette jeune fille, qui signe YY. Et elle non plus ne veut pas changer. C'est comme ça.
C'est peut-être elle qui a un problème, et pas moi…

Hier, j'ai eu un message sur mon portable : quelqu'un veut me rencontrer. Une femme, jeune je crois, mais je ne suis pas sûr… Elle m'a donné son numéro de téléphone et je vais la rappeler. Elle s'appelle… attendez, je cherche… Ah voilà : Zoé Zède.
C'est peut-être la fin de mes problèmes, qui sait ?

ÇA VOUS DIRAIT DE VENIR AVEC NOUS ?

OBJECTIFS : proposer, accepter, refuser, prendre rendez-vous (avec un médecin, un dentiste...);
parler de ses occupations quotidiennes et de ses loisirs.

BAGAGES

1. Vous le faites souvent ?

a. Observez :

LA FRÉQUENCE (1)				
-----------	--------	- - - - -	- -	
toujours	souvent	quelquefois	rarement	jamais
une **fois** ou deux fois **par** jour / par semaine / par mois / par an				
tous les jours (= très souvent) / toutes les semaines / tous les mois... = chaque jour/semaine/mois...				

b.  Regardez les réponses d'une Française au questionnaire et discutez :
Pour vous, elle sort souvent ? rarement ? très souvent ? etc.

c. Répondez
vous-même
au questionnaire.

QUELLES SONT VOS ACTIVITÉS ?

Lire le journal : Pas tous les jours (c'est ennuyeux) : 3 ou 4 fois par semaine.
Regarder la télévision : Pas beaucoup : trois heures par jour, tous les jours.
Écouter la radio : Le matin tôt, toujours ; mais dans la journée, rarement.
Inviter des parents ou des amis : Pas souvent, et seulement des amis.
Lire un magazine : Chaque semaine (je suis abonnée à un magazine féminin).
Sortir le soir : Une fois par semaine (le vendredi).
Aller au restaurant : Tous les dimanches (j'adore ça).
Visiter un musée : Une ou deux fois par an seulement.
Jouer de la musique : Je ne sais pas du tout jouer d'un instrument de musique.
Aller au cinéma : Une fois par semaine.
Aller au café : Quelquefois, après le travail, avec des amies.
Autre (précisez) : ??? Je vais me coucher chaque soir (ça, c'est sûr !).

2. Moi non plus...

a. Observez :

(OUI) MOI AUSSI... ≠ (NON) MOI NON PLUS...		
+ I + → **aussi :**	Il lit, (et) moi aussi.	(Moi aussi, je lis.)
– I – → **non plus :**	Il ne lit pas, moi non plus.	(Moi non plus, je ne lis pas.)
+ I – → **non :**	Il lit, (mais) moi non.	(Au contraire, moi, je ne lis pas.)
– I + → **si :**	Il ne lit pas, moi si.	(Au contraire, moi, je lis.)

b.  Interrogez votre voisin(e) à partir des réponses
(au questionnaire) de la Française :

– Vous ne lisez pas le journal tous les jours, vous non plus ?

3. Ils ne vont pas l'acheter...

a. Observez :

NÉGATION + PRONOM : **NE LE** ou **PAS LE** ?	
– Vous le voyez quelquefois ?	– Non, je **ne le** vois **jamais**, et je **ne** veux **pas le** voir !
– Vous allez regarder la télé ?	– Non, je **ne** vais **pas la** regarder ce soir.
– Vous y allez, à Lyon ?	– Non, je **n'y** vais **pas** : je **ne** peux **pas y** aller.

b. Vérifiez que vous comprenez en répondant avec une négation + pronom.

1. Vous continuez à le lire ? ➜ *Non, je ne continue pas à le lire.* • 2. Elle les déteste ? • 3. Ils vont y danser ? •
4. Tu y fais des études ? • 5. Il en vient ? • 6. Vous voulez le noter ? • 7. Elles y sont nées ? • 8. Vous y passez le matin ?

c. 🗫 Jouez la conversation :

– Vous avez la télévision, vous ?

– Non, je ne l'ai pas. Pourquoi ?

– Mais vous allez l'acheter, non ?

– Ah non ! Je ne vais pas l'acheter !

d. 🗫 Jouez d'autres conversations :

avoir la télévision / l'acheter ➜ habiter à Paris / y habiter – visiter les musées / les visiter – parler l'espagnol / l'apprendre...

4. Au contraire !

a. Observez :

LES NÉGATIONS	
Je **ne** regarde **pas** la télévision.	(≠ je regarde la télévision)
Je **ne** regarde **jamais** la télévision.	(≠ je regarde quelquefois/toujours la télévision)
Je **ne** regarde **plus** la télévision = c'est fini.	(≠ je regarde encore la télévision)
Je **ne** comprends **rien**.	(≠ je comprends quelque chose/je comprends tout)
Je **n'**invite **personne**.	(≠ j'invite quelqu'un/j'invite des gens/j'invite tout le monde)
Personne ne vient.	(≠ quelqu'un/tout le monde vient/beaucoup de gens viennent)
Attention ! **ne ... que** = seulement (je ne la regarde que le soir = je la regarde, mais seulement le soir).	

b. Vérifiez que vous comprenez en répondant par le contraire (négation) :

1. Vous apprenez quelque chose ? ➜ *Non, je n'apprends rien.* • 2. Elle répète tout ? • 3. Il fait la sieste ? •
4. Il neige quelquefois ici ? • 5. On attend quelqu'un ? • 6. Vous voulez quelque chose ? • 7. Il pleut encore ?

5. Rendez-vous

a. Observez :

PRENDRE RENDEZ-VOUS (CHEZ UN MÉDECIN, UN DENTISTE...)	
– Je pourrais avoir un rendez-vous avec Mme Y ? / Je voudrais un rendez-vous. Le lundi 13, c'est possible ?	– Non, désolé, c'est impossible. M. X est occupé toute la journée. Mardi à 14 heures, ça vous va ?

b. 🗫 Vous prenez rendez-vous chez le médecin ou le dentiste.

6. Nous sortons ce soir ?

INVITATION

Estelle a trouvé du travail !
Thomas a son diplôme !

■

Nous t'invitons
à une grande fête

■

le vendredi 15 à 20 h.

13 rue d'Égypte
RSVP. Tél : 02 34 65 87 90

* Moi, tu sais, les restaurants
italiens… = Moi, je n'aime pas
beaucoup les restaurants italiens.

a. Observez :

NOUS (LUI ET MOI/ELLE ET MOI/VOUS ET MOI…)
avoir : vous avez ➜ nous **avons** – *prendre :* vous **pren**ez ➜ nous **pren**ons
Attention ! *être* ➜ nous sommes, et *faire* ➜ nous faisons.
En français courant, on dit souvent **« on »** pour **« nous »** : *Nous, **on** y va.*

b. Vérifiez que vous comprenez en répondant avec nous.

1. – Vous n'allez pas partir ! ➜ – *Mais si, nous partons !* • 2. Vous n'allez pas la lire ! • 3. Vous n'allez pas comprendre ! •
4. Vous n'allez pas attendre ! • 5. Vous n'allez pas écrire ! • 6. Vous n'allez pas jouer ! • 7. Vous n'allez pas le finir !

7. Nous vous invitons chez nous, c'est la fête !

a. Observez :

INVITER	ACCEPTER (DIRE OUI)	REFUSER (DIRE NON)
– Tu veux/Vous voulez… ?	– D'accord, merci.	– Merci, mais c'est impossible ce soir.
– Ça vous/t'intéresse de… ?	– Je veux bien.	– Je suis désolé(e), je ne peux pas…
– Ça te/vous dirait de… ?	– Volontiers.	– Je ne suis pas libre, c'est dommage.
– J'ai envie/l'intention de… Pas toi/vous ?	– (J'accepte) avec plaisir !	– C'est gentil, mais malheureusement,
– On y va ensemble ?	– On se retrouve/on se rencontre où ?	ce n'est pas possible ce jour-là.
	À l'entrée ?	

b. Ça vous dirait ? Écoutez la conversation, puis jouez la réponse de madame Himbert (elle refuse).

c. Imaginez et jouez la même invitation, mais entre deux jeunes couples (ils se disent « tu », ils disent « on » pour « nous » et ils vont à un concert de rock).

PARCOURS

1. Et lui ?

🔊 **Écoutez les phrases qu'il dit, et répondez (vrai ou faux).**

	VRAI	FAUX			VRAI	FAUX
a. Il accepte de venir à la fête.	❑	❑		**c.** Il est marié.	❑	❑
b. Il parle avec elle chaque jour.	❑	❑		**d.** Il ne danse jamais.	❑	❑

2. Oh, moi, tu sais, le football...

🗣️ 💬 **Reconstituez la conversation puis jouez-la.**
– Bof. Moi, tu sais, le football...
– Ben, je n'ai pas très envie de regarder la télévision.
– Oui. Salut, Jean-Marc !
– Sabine ? Elle vient ? Attends... Allô, Jean-Marc ? Allô !
– Dis, ce soir, il y a un match à la télévision.
– Allô ? Thierry ?
– Pas vraiment...
– Oui, Sabine va venir. Bon ben salut !
– Tu viens le regarder à la maison ?
– Tu ne veux pas ?
– À deux ?
– Ah ? c'est dommage. Regarder un match de football à deux, c'est un peu ennuyeux !

3. Une lettre

🗣️ **Remettez ces 24 mots à la bonne place :** à – ai – allez – aussi – avons – bien – dans – en – envie – êtes – intention – jamais – les – me – ne – pas – plaît – plus – que – tous – tout – un – votre – vous.

Mademoiselle,
Vous --- faire une petite fête chez vous --- quelques jours. Je le sais et j'ai l'--- de venir. Vous ne me connaissez --- encore, et moi non ---, je --- vous connais pas. Mais je vous vois --- les jours quand vous sortez de chez --- le matin pour aller --- l'école : vous --- très belle. J'adore --- fêtes, et j'ai --- de danser avec vous. Ça vous dirait, vous --- ?
Moi, je ne fais --- de fête chez moi parce --- mes parents n'aiment pas du --- ça. Alors, --- sûr, je ne peux pas vous inviter ! Je --- présente : je m'appelle Paul, j'--- 17 ans (nous --- le même âge, je crois), je suis --- peu bizarre mais pas trop, et j'habite --- face de chez vous.
Répondez-moi, s'il vous ---, j'attends --- réponse. Merci.

4. Invitation et réponse par courrier électronique

```
☐ ▤▤▤▤▤▤▤▤▤   📁 Internet* ▤▤▤▤▤▤▤   ▣▣

Date : Lun, 13 jan 1999 15:59:30
Pour : barre37@hotmail.com
De : julia.charlux@teledet.fr
Sujet : Réponse

>Salut ! Mes études sont finies et le mois prochain je vais commencer à travailler ! Super, non ? Alors, j'ai l'intention d'inviter mes
>amis à la maison, le mardi 18, le soir (à partir de 19 heures). Ça te dirait ? À bientôt ! >Bises, K.
Merci pour ton invitation ! Malheureusement, je ne peux pas venir chez toi ! Le mardi 18, je ne suis pas libre. Dommage !
Je t'appelle bientôt ! Bises, J.
```

🗣️ **Écrivez une autre invitation et une autre réponse sur Internet.**
Pour l'invitation, utilisez obligatoirement : 25 ans – l'intention. Pour la réponse : merci – heureusement – venir – avec.

N.B. Il n'est pas nécessaire de tout comprendre!

I. Conversations

Quand on refuse ou quand on accepte, on peut être poli/gentil, ou ne pas être poli/gentil.

🔊 **Écoutez ces réponses à des invitations, et dites si elles sont polies/gentilles, ou non.**

	a	b	c	d	e	f	g
accepte							
refuse							
est poli(e) / gentil(le)							
n'est pas poli(e) / gentil(le)							

2. Interview d'une Gabonaise (Extrait, 2000)

🔊 **Écoutez et répondez:**

	VRAI	FAUX
a. Frédérique aime beaucoup sortir.	❑	❑
b. Quand elle refuse une invitation, elle explique qu'elle a du travail.	❑	❑
c. Pour inviter quelqu'un, elle préfère téléphoner.	❑	❑
d. Elle invite souvent des amis.	❑	❑

3. Littérature (Extrait de *Pierre et Jean* de Guy de Maupassant, 1888.)

Lisez ce texte et répondez:

– Il l'invite à faire quoi? Elle accepte? Quel est le problème?

> – Ça doit être amusant, la pêche? […]
> – Voulez-vous y venir?
> – Mais oui.
> – Mardi prochain?
> – Êtes-vous femme à partir à cinq heures du matin? […]
> – Ah! Mais non, par exemple! […]
> – À quelle heure pourriez-vous partir?
> – Mais… à neuf heures!
> – Pas avant?
> – Non, pas avant, c'est déjà très tôt!

4. Blague

C'est une histoire vraie. Pendant une interview, un journaliste français demande au peintre surréaliste Salvador Dali de parler de Picasso. Dali répond alors (en français):
« *Picasso est espagnol. Moi aussi.*
Picasso est un très grand peintre. Moi aussi.
Picasso est communiste. Moi non plus. »

Ce jeu de mots a amusé les Français. Et vous?

Salvador Dali.

1. Rendez-vous

Hector Malot téléphone au cabinet du docteur Hermelin pour prendre rendez-vous le lundi 15 mars (il préfère le matin).

Écoutez la secrétaire et imaginez ce qu'il dit.

2. Thierry rappelle

a. Écoutez la conversation entre Thierry et Jean-Marc (Parcours 2).

b. Thierry rappelle Jean-Marc : il veut bien aller voir le football à la télévision chez lui. Imaginez et jouez la conversation.

3. Ça te dirait d'aller voir un vieux film ?

Choisissez un rôle (A ou B), regardez les fiches des jeux de rôle (A, p. 155 ; B, p. 157) et jouez l'invitation au téléphone.

Lundi 6 novembre 2000

Séance à 16 h 30
Les oiseaux (1963)
Alfred Hitchcock

Séance à 20 h 30
Les temps modernes (1936)
Charlie Chaplin

Séance à 18 h 30
Les demoiselles
de Rochefort (1967)
Jacques Demy

4. Invitation

a. Vous faites une grande fête chez vous. Écrivez une petite carte d'invitation à un(e) ami(e).

b. L'ami(e) vous répond par courriel : il (elle) ne peut pas venir.

TU AS VU LEUR PROGRAMME ?

OBJECTIFS : parler de ses activités au passé, s'informer sur des programmes et horaires.

BAGAGES

I. Au programme

a. Observez :

Les **24 heures** de **St-Dié-des-Vosges**
25-26 avril : du samedi, 9 h, au dimanche, 9 h

PROGRAMME SPORTIF
course à pied + bicyclette + marche
+ patins à roulettes/rollers, sans interruption.
8 personnes par équipe (2 par spécialité)

L'important n'est pas de gagner, mais de participer !
Tout le monde sait marcher, courir, faire de la bicyclette ou du patin !

PROGRAMME CULTUREL
24 h de musique (concerts place du Marché)
24 h de conférences (place Jules-Ferry)

Pour inscrire votre équipe sportive, votre orchestre ou votre conférence :
Comité des fêtes de St-Dié,
tél. 03 55 96 33 33 (avant le 17/04)

Les 24 heures de St-Dié
Cette année, comme l'an dernier, les « 24 heures »
de St-Dié ont été un très grand succès populaire :
pendant vingt-quatre heures, 76 équipes ont participé à la course le long des quais de la Meurthe, et
on a pu écouter 21 conférences et 11 concerts !
De très nombreux spectateurs sont venus de toute
la région pour suivre

b. Vous voulez participer aux 24 heures de St-Dié. Choisissez les activités (écrivez-les) qui vous intéressent (samedi après-midi, nuit de samedi à dimanche, et dimanche). N'oubliez pas de proposer un sujet de conférence ! Expliquez à votre voisin(e) ce que vous allez faire.

2. Vous l'avez vu ?

a. Observez :

LE PASSÉ COMPOSÉ AVEC « AVOIR »
• Presque tous les verbes se conjuguent avec l'auxiliaire « avoir ».
• Tous les infinitifs en **-er → -é** : j'ai parlé, tu as voyagé, elle a commencé, nous avons joué, vous avez écouté, elles ont accepté.
• Beaucoup d'infinitifs en **-ir → -i** : j'ai fini, elles ont dormi, il a choisi.
• Autres verbes : **-is** (il a compris), **-it** (il a dit), **-u** (il a connu).
N.B. avoir → j'ai **eu**, être → tu as **été**, faire → il a **fait**. (Voir conjugaison p. 173 et 174.)

b. Vérifiez que vous comprenez en mettant les verbes des phrases au passé composé.
1. J'aime cet opéra. • 2. Elle oublie tout. • 3. Ils ne pensent à rien ! • 4. Tu comprends quelque chose ? • 5. Il attend le bus. • 6. Ça commence à 14 h. • 7. Ils font la fête. • 8. Vous finissez tôt ? • 9. Il écrit son nom. • 10. Elle regarde un reportage. • 11. Ils veulent voyager. • 12. J'apprends l'espagnol. • 13. Il a envie de partir. • 14. Elle est contente.

3. Tu es venu aux « 24 heures » ?

a. Observez :

LE PASSÉ COMPOSÉ AVEC « ÊTRE »
• Quelques verbes : aller, venir (venu), retourner, arriver, partir (parti), (r)entrer, sortir (sorti), monter, descendre (descendu), rester, devenir (devenu), tomber, passer.
• Tous les **verbes pronominaux** (je me suis reposé, tu t'es excusé, il s'est levé, nous nous sommes connus…).
N.B. Avec « être », le participe s'accorde comme un adjectif : *elle est venue, ils sont partis.*

b. Vérifiez que vous comprenez en mettant les verbes des phrases au passé composé.

1. Je vais au cinéma ➔ *Hier, je suis allé au cinéma.* • 2. Ils se reposent. • 3. Vous venez chez moi. • 4. On sort. • 5. Nous nous retrouvons au cinéma. • 6. Je pars à 4 h et je reviens à 6 h. • 7. Elle reste à la maison. • 8. Il se couche à 9 h du soir.

c. Après les 24 heures…

Vous en discutez : vous avez regardé et participé aux 24 heures. Votre voisin(e) aussi.

– Toi, qu'est-ce que tu as fait, samedi ?

4. Elle ne l'a pas fait

a. Observez :

PASSÉ COMPOSÉ ET NÉGATION ET/OU PRONOM PERSONNEL
– Je **ne suis jamais** venu ici. Il **n'a pas** accepté l'invitation. Il **n'a rien** acheté.
– Je **l'**ai vu hier. Il est monté à Paris le 5, il **y est** resté 15 jours, et il **en est** revenu le 20 février.
– Elle **n'y est jamais** allée. Il **ne l'a pas** étudié.

POUR SITUER DANS LE PASSÉ
Hier, avant-hier…
Il y a un instant, il y a deux heures, il y a trois jours, il y a deux semaines, il y a un mois, il y a cinq ans…
La semaine **dernière**, le mois dernier, l'hiver dernier, l'année dernière…

b. Qu'est-ce que tu fais ? **Lisez cette conversation :**

– Tu sors ce soir, Didier ?

– Non, je suis déjà sorti hier soir. Ce soir, je reste à la maison. Et toi ?

– Moi, je ne suis pas sortie hier soir, je suis restée à la maison.

c. Jouez d'autres conversations :

sortir / rester à la maison ➔ aller au cinéma / dormir – regarder la télé / lire – partir en vacances / travailler – aller au restaurant / manger à la maison… • ce soir ➔ la semaine dernière – cet été…

5. Curriculum vitae

a. Observez :

Antoine LEMAIRE
né le 12 février 1972
marié, un enfant

ÉTUDES

1995	maîtrise de sciences économiques, université Mac Guill, Montréal.
1996	un an à Budapest (pour apprendre le hongrois)
1997	voyages en Afrique et en Asie
1998	retour au Canada, et travail chez DM à St-Paul (Québec).

DESCHAMPS Anne-Laure
née le 15 avril 1958
Célibataire

Études :
– 1976 : baccalauréat (lettres et langues)
– 1976-1977 : jeune fille au pair à Boston (Massachusetts, États-Unis)
– De 1977 à 1982 : langues appliquées à l'université de Lyon II. DEA en 1982
– Plusieurs voyages en Italie et en Grande-Bretagne pendant les études
– De 1983 à 1999 : travail à Orléans, à la SNCF
– 1999 : départ pour la Finlande

Maîtrise : diplôme baccalauréat + 4 ans d'université.
DEA = diplôme d'études approfondies (bac + 5).

b. 📼 🗨 **Écoutez Antoine Lemaire qui se présente pendant un entretien, puis jouez la présentation d'Anne-Laure Deschamps à partir du résumé de son CV.**

6. Demandez le programme !

a. Observez :

POUR S'INFORMER SUR UN PROGRAMME OU UN HORAIRE	
Poser les questions	**Donner des informations**
– Je voudrais des informations sur le programme.	
– Je voudrais connaître vos horaires.	– Nous sommes ouvert de … à …
– Le concert a lieu quand ? / C'est à quelle heure ?	– Le concert a lieu le mardi 9 à 15 heures. / C'est à 15 heures.
– Il a lieu de quelle heure à quelle heure ?	– Il dure de 15 à 18 heures.
– Ça commence / ça finit quand ?	– Ça commence à 15 heures et ça finit à 18 heures.
– Qu'est-ce qu'il y a à 21 heures ? / après le concert ?	– À 21 heures, il y a / vous avez un film.
– Il y a quelque chose l'après-midi ?	– Il n'y a rien entre midi et trois heures.
– Qu'est-ce que c'est comme concert / film / conférence / exposition ?	– C'est un concert de… / un film / une conférence / une exposition sur…

b. ✍ Au programme. **Complétez la conversation téléphonique :**

– Festival de Saint-Martin, bonjour.
– Bonjour… ---
– Oui, pour aujourd'hui ?
– Oui. ---
– Alors à 19 heures, ---
– Non, les conférences ne m'intéressent pas. --- ?
– Oui, bien sûr, il est à 21 heures.
– Et c'est quoi, comme film ?
– C'est un nouveau film avec un jeune acteur.
– --- ?

– L'acteur ?
– Non, le film.
– Un an *après*.
– --- ?
– Après, il n'y a plus rien ; c'est fini, jusqu'à demain bien sûr !
– Ah ! --- ?
– Mais oui, demain et après-demain.

c. 📼 🗨 **Écoutez la conversation, puis jouez-la.**

PARCOURS

I. Psychanalyse ?

Écoutez et répondez :

	VRAI	FAUX
Il est parti de Paris en 1995.	☐	☐
Il est retourné à Paris en 1999.	☐	☐
Il a rencontré une amie en 1998.	☐	☐
Il est revenu de Russie en 1999.	☐	☐

2. Téléphone

Voici ce que répond au téléphone la responsable du Comité des fêtes de la mairie de Saint-Dié. Retrouvez les sept questions qu'on lui a posées.

Allô, Comité des fêtes, bonjour. ...(1)... La course commence le samedi à 14 heures, madame. ...(2)... Vous pouvez inscrire votre équipe avant le 20 avril. Aujourd'hui, si vous voulez. ...(3)... Non, pas à sept. Vous devez être huit par équipe. ...(4)... Non, madame, ça continue toute la nuit, sans interruption. ...(5)... Eh bien, vous faites une heure de course à pied, une heure de marche, une heure de vélo, une heure de patins à roulettes ou de rollers, etc. Chaque sportif court 4 fois une heure. ...(6)... Non, il n'y a plus rien après 3 heures de l'après-midi, le dimanche. ...(7)... C'est impossible à dire parce que nous ne savons pas encore combien d'orchestres sont inscrits.

Jouez la conversation.

3. Après la fête...

Faites une lettre : vous avez participé aux 24 heures de St-Dié et vous racontez cela à des amis.

4. Mystérieuse enquête à Bordeaux

Regardez les notes prises par un enquêteur et complétez le début de son courriel.

date : mardi 19 mai 2000, 21.00

Bonjour de Bordeaux.
Je --- à Bordeaux --- et j'--- la ville --- . J'ai rencontré notre ami C. aujourd'hui --- exactement trois heures, et il m'a invité à manger au restaurant. Il est très sympa ! Voici ce qu'il m'a dit : il --- de Bordeaux au mois --- . Il --- à Bordeaux --- une semaine, il n'a donc pas pu voir les...

Notes :
17/05 : arrivée à Bordeaux
18/05 : visite de la ville
19/05, 18 h rencontre de C.
19 h invitation
– départ de C. de B. le 19/04
– retour de C. à B. le 12/05.

Bordeaux, place du Parlement.

I. Interview d'une Gabonaise (Extrait, 2000)

🔊 Écoutez et répondez :

	VRAI	FAUX
a. Frédérique a fait une année d'études universitaires au Gabon.	☐	☐
b. Frédérique étudie le droit.	☐	☐
c. Frédérique a choisi elle-même ses études.	☐	☐

2. Humour (Extrait de *Matière à rire* de Raymond Devos, éd. Plon, 1993.)

Lisez et répondez :

– Au théâtre, les gens qui regardent ce sketch rient à quels moments, d'après vous ?
– C'est le début du sketch. Quel film est-ce qu'il va regarder ensuite, à votre avis ?

« Je zappe »

Hier soir, après le dîner, ma femme me dit :
– Qu'est-ce qu'on donne ce soir à la télé ?
Je lui dis :
– Il y a deux films. Sur une chaîne, il y a Thérèse, dans un genre pieux… enfin, classé pieux !
Et sur l'autre chaîne, il y a Emmanuelle, dans un genre tout à fait différent, classé X !
Elle me dit :
– Eh bien moi, je vais me coucher. Pas toi ?
Je lui dis :
– Non, je crois que je vais rester encore un peu pour voir le film.
Elle me dit :
– Lequel ?
Je lui dis :
– Emma… (rectifiant)… le pieux…
Le pieux, avec un X !
Elle me dit :
– Bon, tu me raconteras !
Je lui dis :
– C'est ça !
Elle sort. Je ferme soigneusement la porte derrière elle.
J'allume la télé. Je prends mon zappeur…

---

pieux = religieux. •
un *pieu (sans X) =
un lit : on s'y couche.
• un *zappeur = une
télécommande de
télévision.

3. Poésie (Extrait de *Pour toi mon amour* de Jacques Prévert, *Paroles*, éd. Gallimard, 1972.)

✍ Ajoutez une strophe à ce poème.

Je suis allé au marché aux oiseaux
Et j'ai acheté des oiseaux
Pour toi
mon amour
Je suis allé au marché aux fleurs
Et j'ai acheté des fleurs
Pour toi
mon amour

AVENTURES

1. Les 24 heures de la ville

Faites un programme de votre choix (et une affiche) pour une fête de 24 heures dans une petite ville de votre région.

2. De quoi est-ce qu'ils parlent ?

Écoutez la conversation et dites de quoi ils parlent.

3. Curriculum vitae

Imaginez le curriculum vitae de l'homme/la femme idéal(e), puis jouez sa présentation pendant un entretien (il cherche du travail).

4. Renseignements

Regardez le bloc-notes et imaginez puis jouez la conversation qui a permis de prendre ces notes.

- Du 27 au 30 juin.
- Films les 27 et 28 : « Un dimanche à la campagne » à 17 h le 27, « Rendez-vous » le 28 à 20 h.
- Discussion après chaque film (durée 1 heure).
- Pas de concert de jazz : dommage ! Seulement du classique.
- Rien le 29 après-midi.

5. Rendez-vous

Choisissez un rôle (A ou B) et regardez les fiches de jeux de rôles (A, p. 155 ; et B, p. 157).

PROGRAMME du FESTIVAL du QUARTIER SAINT-MARTIN

Samedi 28 mai

- 10 h à 12 h. Exposition.
- 15 h. Film : *Pour la vie des autres* de J.-B. Poudroux.
- 16 h. 30 Discussion sur le film, avec J.-B. Poudroux.
- 19 h. Conférence : « Les Français ont-ils compris ? » (Franck Grang).
- 21 h. Concert avec « Temps libre ».

Vendredi 27 mai

- 16 h. Ouverture, présentation du programme.
- 17 h. Film : *Au revoir à tous* de Jean–Bernard Poudroux.
- 19 h. Conférence : « Les artistes normaux » (Léo Maxent).
- 21 h. Film : *Un an après* de Gilles Thollot.

Dimanche 29 mai

- 10 h à 12 h. Exposition.
- 15 h. Film : *Autres instants* de J.-B. Poudroux
- 17h. Concert : « Chanson plus ».
- 19 h. Conférence de clôture.
- Soirée : fête populaire, danse.

C'EST COMME ÇA CHEZ VOUS ?

OBJECTIFS : présenter une région ou une ville, situer géographiquement, quantifier, comparer.

BAGAGES

I. Il y a combien d'habitants à... ?

a. Observez :

LES VILLES FRANÇAISES EN 2000	
Paris : 2 115 757 habitants	Nantes : 268 683 hab.
Marseille : 797 701 hab.	Strasbourg : 263 896 hab.
Lyon : 445 263 hab.	Montpellier : 224 856 hab.
Toulouse : 390 712 hab.	Bordeaux : 214 940 hab.
Nice : 341 016 hab.	Rennes : 205 865 hab.

C'est le nombre d'habitants de la commune.
L'agglomération (la ville et les communes voisines) est plus grande : par exemple, celle de Paris fait environ 6,1 millions d'habitants et le Grand Lyon 1,3 million.   (*Source :* Insee 2000.)

b. 🗨 **Demandez à votre voisin(e) combien il y a d'habitants dans quelques villes françaises.**

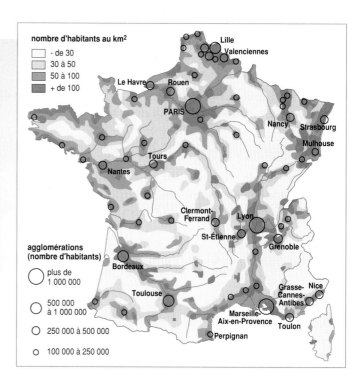

2. C'est aussi grand, ou moins grand ?

a. Observez :

L'ACCORD DES ADJECTIFS
Les adjectifs s'accordent avec le nom (ou le sujet des verbes : *être, devenir, rester*) : *un film amusant* ➜ *des films amusants, une fête amusante* ➜ *des fêtes amusantes* -**eux** ➜ -eux, -**euse**, -euses (sauf : vieux ➜ vieille); -**if** ➜ -ifs, -ive, -ives; -**il** ➜ -**ille**; -on ➜ -onne; -en ➜ -enne ; -g ➜ -gue. beau ➜ beaux, belle, belles (il est beau, ils sont beaux, elle est belle, elles sont belles).

b. Vérifiez que vous comprenez en complétant si nécessaire :

1. Elles sont abonné--- à un magazine. • 2. Une avenue très long---. • 3. Des gens vraiment gentil---. • 4. Une amie amusant---. • 5. Un vieu--- film. • 6. Des filles au pair heureu---. • 7. Une enquête fatigant---. • 8. C'est une bon--- élève. • 9. Un célibataire intéressant---. • 10. Des coordonnées compliqué---. • 11. Une femme marié---. • 12. Une bon--- publicité.

c. Observez :

POUR COMPARER AVEC UN ADJECTIF OU UN ADVERBE
(>) **plus... que...** *La Loire est un fleuve plus long que la Seine.*
(=) **aussi... que...** *Il fait aussi chaud à Nice qu'à Cannes.*
(<) **moins... que...** *Nice est une ville moins grande que Lyon.*
Attention ! ~~plus bon~~ ➜ meilleur : *À Nice, le temps est meilleur qu'à Lyon.*

d. 🗨 **Dix grandes villes. Comparez les dix plus grandes villes :**

– Strasbourg est presque --- grande --- Nantes.
– Nice est une ville --- petite --- Toulouse.

Continuez avec : grand – petit – intéressant – beau – chaud – vieux – amusant – ennuyeux…

3. Plaines et montagnes

a. Observez :

POUR SITUER		
N-O N N-E O — E S-O S S-E	le nord (au nord) le nord-est l'ouest/l'est (à l'est) le sud-ouest le sud (au sud)	Nantes est dans l'ouest de la France, et à l'ouest de Paris. Nice est dans le sud-est de la France, et à l'est de Marseille. Lyon est moins au sud que Marseille. « dans le Midi » = dans le sud de la France

b. 🗨 Géographie de la France. **Continuez ce dialogue :**

– Vous savez où sont les Vosges ?
– C'est dans le nord-est de la France, à l'ouest de l'Allemagne.
– Et vous, vous savez où… ?

4. Questions de géographie

a. Observez :

POUR COMPARER AVEC UN NOM, UN NOMBRE OU UN VERBE
• **plus de** NOM **que… (>)**   **autant de** NOM **que… (=)**   **moins de** NOM **que… (<)** *À Toulouse, il y a plus d'habitants qu'à Rennes, mais il y a moins de bicyclettes et autant de cafés.*
• **plus de** NOMBRE / NOMBRE **de plus que… (>)**   **moins de** NOMBRE / NOMBRE **de moins que… (<)** *Toulouse a plus de 390 000 habitants : Toulouse a presque 200 000 habitants de plus que Rennes.* *Toulouse a presque deux fois plus d'habitants que Rennes, et a deux musées de moins.*
• VERBE **plus que… (>)**   VERBE **autant que… (=)**   VERBE **moins que… (<)** *J'aime autant Toulouse que Rennes, mais j'aime moins Grenoble.*
Attention ! ~~plus bien~~ → **mieux :** *J'aime bien Rennes, mais j'aime mieux Grenoble que Rennes.*

b. 🗨 **Comparez les villes et devinez :**

– Cette ville a presque 200 000 habitants de plus que Rennes.
– C'est Toulouse.
– Cette ville a environ autant de…

c. Continuez ainsi avec les autres villes : Rennes et Paris, Lyon et Bordeaux…

5. Un cours de géographie

a. Observez :

L'APPROXIMATION
Il y a **presque** 10 000 habitants = il y a **un peu moins de** 10 000 habitants.
Il y a **environ** 10 000 habitants = il y a **plus ou moins** 10 000 habitants = il y a **à peu près** 10 000 habitants.
C'est une ville **assez** petite (= pas très grande).
La plupart des habitants = presque tous les habitants, plus de 80 % des habitants.
Ici, c'est **un peu comme** à Rome.

b. 📼 ✍ **Notez tout ce que vous comprenez de ce cours de géographie à propos de trois autres villes : Lille, Reims et Le Havre.**

6. J'aime cette ville

a. Observez :

POUR PRÉSENTER UNE RÉGION OU UNE VILLE

• C'est une région / ville… administrative / industrielle / touristique / agricole / très peuplée / dynamique / touristique / très jolie / de montagne / intéressante / agréable…	• Il y a / on y trouve… un musée avec une magnifique collection de peintures des XIVe et XVIe siècles, une vieille ville, une cathédrale gothique, de beaux magasins, de bons restaurants, un grand parc, etc. On y mange bien/mieux qu'à…. C'est comme à Paris.
• Elle est située / elle se trouve… au bord de la mer (sur la côte) / dans une plaine / dans une vallée…	• Il n'y a rien à voir là-bas / il n'y a rien à visiter dans ma région (il n'y a pas un seul musée) / il n'y a jamais rien à y faire. On y mange mal. Je déteste cette région ! Elle est triste et ennuyeuse…
• Il y fait très froid en hiver et assez chaud en été. / Il y fait mauvais toute l'année.	

b. 🗨 **Présentez une région ou une ville que vous aimez et une que vous n'aimez pas du tout.**

Albi et le Tarn.

Côte bretonne.

7. Visitez Lyon

a. Lisez ces extraits d'un guide touristique sur Lyon :

➤ Lyon est une ville touristique, historique (c'est l'ancienne capitale de la Gaule), industrielle […]

➤ Le centre de Lyon est situé entre le Rhône et la Saône : beaux magasins, magnifiques immeubles du XIXe siècle […]

➤ Dans la vieille ville : cathédrale St-Jean du XIIIe siècle et la très belle place St-Jean (vieilles maisons) […]

➤ Théâtre romain de Fourvière (43 avant J.-C.) et le Musée des antiquités romaines […]

➤ Du théâtre, magnifique panorama sur Lyon […]

➤ Musée des Beaux-Arts (place des Terreaux) (10 h 30-18 h, fermé le mardi) : magnifique collection de peintures des XIXe et XXe […]

Paysage de montagne, dans les Alpes.

b. 🗨 **Répondez maintenant à un touriste :**

– Qu'est-ce qui est intéressant à Lyon ? Il y a des musées ?

– ---

– Où est le centre-ville ?

– ---

– Le Rhône, qu'est-ce que c'est ?

– ---

– D'où est-ce qu'on peut voir toute la ville ?

– ---

– Il y a d'autres choses à voir ?

Continuez.

1. Logo-rallye

✍ **Faites une phrase où entrent les mots suivants (dans l'ordre ou le désordre).**

Exemple: y / compliqué / rien / trouver ➜ *Ce n'est pas compliqué, on n'y trouve vraiment rien à faire !*

a. magnifique / trouve / peinture / dans / collection
b. moins / peu / dans / peuplée / il

2. Le sud de la Corse

✍ **Remettez ces 24 mots à la bonne place :**

ancienne – aussi – chaud – de – deux – fois – habitants – jolie – mer – moins – montagnes – panorama – pas – peut – pleut – plus – que – région – seul – viennent – y.

Le sud de la Corse est une --- magnifique. Il --- fait très --- en été et beaucoup de touristes y --- . En hiver, il y --- un peu, il y a moins --- touristes et c'est --- tranquille. Il y a 3 villes dans cette région : Sartène, dans les ---, et Bonifacio et Porto-Vecchio au bord de la ---. Bonifacio et Sartène sont --- villes presque --- petites (environ 3 000 et 3 500 ---). Il y a trois --- plus d'habitants à Porto-Vecchio, mais --- de touristes --- dans les deux autres villes, parce qu'il n'y a --- de vieille ville. À Bonifacio, on --- visiter la « ville haute » (la vieille ville), avec l'église St-Dominique et le parc de la Carotola, et voir un beau ---. À Sartène, il y a un musée de l'histoire --- de la Corse – le --- musée de la région –, et une très --- vieille ville.

Bonifacio.

3. Un tout petit village

💬 **Reconstituez cette conversation, puis jouez-la.**

– Ah ! Au nord de Lyon ? Mais il y a beaucoup d'usines de chimie là-bas, non ?
– Comment il s'appelle, ce petit village ?
– Dans la région Rhône-Alpes, au bord de la Saône, au nord de Lyon.
– Et il se trouve où ?
– Non, les industries chimiques sont au sud de Lyon. Non, chez moi, c'est très tr… euh…
– Non, tranquille ! Mais pas triste, non !
– Oh ! D'un tout petit village, vous ne pouvez pas connaître.
– Toussieu. C'est un village plus agréable que beaucoup d'autres.
– Triste ?
– Vous êtes d'où, vous ?

4. Belle ville !

✍ **Lisez le début et la fin de cette conversation.**
Imaginez et écrivez la partie qui manque (plusieurs répliques) :

– C'est une belle ville, n'est-ce pas ?
– Oh non, pas très…
– ---
– Ah oui, pour un touriste, ce n'est pas terrible !

🔊 **Écoutez ensuite la conversation.**

NB. Il n'est pas nécessaire de tout comprendre !

I. Théâtre (Début de *La Leçon*, pièce en un acte d'Eugène Ionesco, NRF, 1950.)

LE PROFESSEUR – Bonjour, mademoiselle… C'est vous, c'est bien vous, n'est-ce pas, la nouvelle élève ? […] Vous avez eu de la peine à trouver la maison ?

L'ÉLÈVE – Pas du tout… Pas du tout. Et puis j'ai demandé. Tout le monde vous connaît ici.

LE PROFESSEUR – Il y a trente ans que j'habite la ville. Vous n'y êtes pas depuis longtemps ! Comment la trouvez-vous ?

L'ÉLÈVE – Elle ne me déplaît nullement. C'est une jolie ville, agréable, un joli parc, un pensionnat, un évêque, de beaux magasins, des rues, des avenues…

LE PROFESSEUR – C'est vrai, mademoiselle. Pourtant, j'aimerais autant vivre autre part. À Paris, ou au moins à Bordeaux.

L'ÉLÈVE – Vous aimez Bordeaux ?

LE PROFESSEUR – Je ne sais pas. Je ne connais pas.

L'ÉLÈVE – Alors, vous connaissez Paris ?

LE PROFESSEUR – Non plus, mademoiselle…

Vous avez eu de la peine à… = ça a été difficile pour vous de… • Elle ne me déplaît nullement = elle me plaît.

Écoutez, puis jouez la scène. D'abord avec le texte sous les yeux, puis sans regarder le texte (et improvisez alors, au besoin).

2. Articles de dictionnaire (Extraits du *Petit Robert 2* des noms propres.)

Qu'est-ce que ces deux régions ont en commun ? Faites une liste.

VALAIS n. m. – en all. *Wallis* ◆ Canton du S.-O. de la Suisse. 5 224 km². 247 552 hab. *(Valaisans)* dont 2/3 de langue française, 1/3 de langue allemande et 96 % de rel. catholique. CH.-L. : Sion*. Le Valais occupe la totalité de la haute vallée du Rhône, du col de la Furka au lac Léman. Il est bordé par l'Oberland bernois au N. (Finsteraarhorn, 4 274 m ; Jungfrau, 4 158 m ; Balmhorn, 3 699 m ; les Diablerets, 3 210 m) et les Alpes du Valais au S. (dents du Midi, 3 257 m ; Cervin, 4 478 m ; mont Rose, 4 634 m ; Monte Leone, 3 553 m). On peut y accéder, en venant de l'E., par le tunnel routier du Grand-Saint-Bernard ou par des cols élevés comme ceux de Balme, du Simplon, de la Furka, du Grand-Saint-Bernard, de la Forclaz. Des vallées transversales re-joignent celle du Rhône : val d'Entremont, val d'Hérens, vallée de Saas-Fee sur la rive g., drainées par la Drance, la Dixence, la Borgne et la Viège.

VAL-D'AOSTE n. m. – en it. *Valle d'Aosta* off. *Région autonome de la vallée d'Aoste* ◆ Région autonome du N.-O. de l'Italie. → Italie (carte). 3 262 km². 115 270 hab. *(Valdôtains)*. CH.-L. : Aoste. LANGUES : ita-lien, français (en déclin depuis la politique d'italianisation à partir du fascisme, dialecte occitan). ❑ GÉOGRAPHIE. La région, qui correspond à la haute vallée de la Doire Baltée, est entourée de hauts sommets dont plusieurs dépassent 4 000 m : mont Blanc, Grand Combin, Cervin et mont Rose au N., Grivola et Grand Paradis au S. C'est un important carrefour de communications transalpin relié à la France et à la Suisse par le tunnel du Mont-Blanc, les cols du Grand et du Petit Saint-Bernard.

1. Grand concours

Par groupes de 3, préparez 8 questions sur la géographie de la France.
Puis posez ces questions au groupe voisin.

Exemple : • Question : Où sont situées les Pyrénées ? • Réponses : Entre la France et l'Espagne (= 10 points).
Dans le sud-ouest de la France (= 7 points). En France (= 2 points). On ne sait pas (= 0 point).

2. Comparaisons

✍ **Comparez une ville (ou plusieurs) de votre pays avec une ville française, belge ou suisse (ou plusieurs).**

3. Reportage

A : Vous êtes journaliste amateur français pour le journal des étudiants de votre université…
Regardez votre rôle page 155 et préparez-vous (vous pouvez écrire pour vous préparer…).
B : Vous êtes étudiant(e) dans une ville de votre pays… Regardez votre rôle page 157
et préparez-vous (vous pouvez écrire pour vous préparer…).

4. De quoi est-ce qu'elles parlent ?

☷ **Vous êtes maintenant près de deux personnes qui discutent. Vous entendez la conversation et vous essayez de comprendre de quoi elles parlent. Écoutez une seule fois.**

Réponse = un/une …

5. Ma ville, ma région

✍ **Relisez l'unité 11, puis présentez par écrit une grande ville de votre pays ou votre région pour un étranger qui ne la connaît pas du tout.**

6. Devinettes

A pense à un pays ou à une ville d'Afrique, d'Asie, d'Europe, d'Amérique.
Les autres posent des questions pour deviner à quel pays pense A.
A ne peut répondre que par « oui » ou « non ».

Phnom Penh (Cambodge).

Dakar (Sénégal).

Québec (Canada).

ON Y VA COMMENT, À BARBIZON ?

OBJECTIFS : comprendre et expliquer où se trouve un lieu (situer et s'orienter, 3) ;
conseiller, prendre congé (2), montrer sa surprise.

BAGAGES

I. Il faut combien de temps ?

a. Observez :

POUR DIRE COMMENT Y ALLER	
EN (= dans)	**À (= sur)**
en voiture	à pied
en bus	à bicyclette/vélo
en avion	à moto
en bateau	à cheval
en train	
en métro/bus/taxi	

b. Lisez la conversation :

– Il faut combien de temps pour faire 100 km en voiture ?
– Il faut à peu près une heure et demie.
– Tu crois ? Autant que ça ? (≠ Aussi peu que ça ?)
– Et pour faire 50 km à vélo, il faut combien… ?

c.  **Continuez :** 50 km ➜ 10 km – 3 km…
vélo ➜ avion – train…

Visitez Barbizon

En bateau

À cheval

À pied

2. C'est le moins cher de la ville

a. Observez :

LE SUPERLATIF
le plus… (de) / le moins… (de)
*Quels sont les chemins **les plus** courts pour aller à Rome ?*
*Et la saison **la plus** favorable (de toutes) pour des vacances au Chili ?*
*D'après le guide, c'est l'hôtel **le plus** cher **de** la ville et c'est aussi **le moins** grand.*
Attention ! bon ➜ le meilleur ; bien ➜ le mieux : *la meilleure université du pays.*

b. C'est le meilleur ? Lisez la conversation :

– C'est un bon restaurant ?
– Oui, c'est le meilleur restaurant de la région !

c.  **Continuez :**
bon restaurant ➜ saison chaude – jour froid – chemin long – région industrielle – langue compliquée…

3. Allez-y !

a. Observez :

L'IMPÉRATIF
Entre ! Sors ! Prends ! (comme : j'entre, je sors, je prends)
Entrez ! Sortez ! Prenez ! (comme : vous entrez, vous sortez, vous prenez)
– Pour aller à Charpenne, il faut prendre le bus ?
– Non, **ne prenez pas** le bus, **prenez** le métro, c'est mieux.
Exceptions : être ➜ sois, soyez ! ; avoir ➜ aie, ayez ! ; aller ➜ va, allez !
Place du pronom complément : Prenez-**le** ! Non, ne **le** prenez pas !

c. 🔊 🗣 Non, ne prenez pas le bus, prenez le métro !
Complétez les conversations, puis jouez-les :
1. – Pour le musée, il faut tourner à droite ?
– Non, --- (aller tout droit).
2. – Demain matin, il faut partir tôt ?
– Non, --- (attendre dix heures).
3. – Pour apprendre une langue, il faut lire beaucoup ?
– Oui, --- (mais aussi parler beaucoup).

b. Vérifiez que vous comprenez en répondant avec l'impératif et la négation.
1. Je peux entrer ? ➜ *Non, n'entrez pas !* • **2.** Je peux suivre cette rue ? ➜ *Non, ne la suivez pas !* • **3.** Je peux inscrire mon équipe ? • **4.** Nous pouvons descendre au bord de la mer ? • **5.** On peut sortir ? • **6.** Je peux changer l'heure du rendez-vous ? • **7.** Nous pouvons aller à la banque ? • **8.** Je peux lire le journal ? • **9.** On peut être gentils ?

4. Je n'ai pas de conseils à vous donner, mais...

a. Observez :

POUR CONSEILLER
si on..., il faut.../il vaut mieux...
Si c'est possible, **il vaut mieux** aller en Bretagne en juin, pas en juillet.
Si on n'a pas le temps, **il faut** prendre l'avion.
si vous..., vous devez.../ou : impératif
S'ils veulent être à Lyon à midi, **ils doivent** partir maintenant.
Si nous voulons passer des vacances agréables, **nous devons** choisir un bon hôtel.
Si tu as l'intention d'y aller en train, **tu dois** réserver.
Si vous voulez bien dormir, ne **choisissez** pas une chambre sur la rue !
Attention ! si + il/ils ➜ s'il/s'ils.

b. Qu'est-ce que vous me conseillez ?
Lisez la conversation :
– Si je veux bien manger, tu me conseilles quoi/qu'est-ce que vous me conseillez ?
– Si vous voulez bien manger, vous devez aller au meilleur restaurant de la ville.
– Et si...

c. 🗣 **Continuez :** s'intéresser à la peinture ➜ musée des Beaux-Arts – pas de voiture ➜ prendre le bus – musée fermé ➜ retourner demain – bien voir Paris ➜ ne pas prendre le bus...

Moi, J'ADORE DONNER DES CONSEILS AUX AUTRES...

... MAIS JE DÉTESTE SUIVRE LES CONSEILS DES AUTRES !

5. Vous êtes sûr ?

a. Observez :

POUR DIRE QU'ON EST SURPRIS
*Ça, alors ! *Ça, par exemple ! Ça, c'est curieux ! Tu es sûr ?
(on est très surpris) Oh, ce n'est pas vrai/possible ! Mais c'est incroyable !
(on fait comme quand on a mal entendu) Pardon, qu'est-ce que vous dites ?
(on fait comme quand on n'a pas compris) Mais qu'est-ce que ça veut dire ?

b. 📼 Allô, Christelle ?
Écoutez la conversation et expliquez à votre voisin(e) – qui est surpris(e) – ce que fait Christelle.

6. Paris, c'est dans quelle direction ?

a. Observez :

POUR DEMANDER SON CHEMIN	POUR EXPLIQUER À UN TOURISTE
– Comment on fait pour aller le plus rapidement possible à…?	– Je ne sais pas, je ne suis pas d'ici.
– Excusez-moi, vous connaissez le chemin pour…?	– Vous devez prendre la route de…
– Pardon, je suis bien sur la route de…?	– Vous allez jusqu'à…, et là, vous tournez à droite en direction de… et vous passez par…
– Dites, …, c'est dans quelle direction ?	– C'est un peu compliqué à expliquer. Vous avez une carte ?
– C'est loin d'ici ? C'est à quelle distance ?	– Non, ce n'est pas loin, c'est à 30 km d'ici. Donc, c'est à 20 minutes par l'autoroute.
– C'est à combien de kilomètres de Paris ?	

Pour vérifier : Ça va ? Vous comprenez ? / Vous me suivez ? / Vous voyez ce que je veux dire ?

b. 📼 💬 Pour aller à Barbizon, on fait comment ?
**Écoutez la conversation et suivez sur la carte.
Puis expliquez comment aller de Paris à Barbizon à
votre voisin(e) qui n'a pas compris.**

c. Expliquez ensuite comment aller de Barbizon à
Nemours ou à Paris.

7. Allez, salut !

Observez :

Annoncer son départ	POUR DIRE AU REVOIR
Bon, j'y vais…	*(si on vouvoie)* Au revoir (madame/monsieur) !
Bon, je dois partir…	*(si on tutoie)* Salut / Tchao ! (de l'italien *ciao*)
Bon, je dois y aller…	*(tu ou vous)* À bientôt / À dimanche / À la semaine prochaine !

I. Vous voyez ce que je veux dire ?

✍ **Trouvez une question correspondant aux réponses.**

a. Non, ce n'est pas loin : c'est à 20 km de Montréal, à peu près.

b. Si, si, c'est vrai !

c. Pour aller à la mairie, continuez tout droit !

d. Pour y aller, il faut environ une heure, en voiture.

e. Non, je n'ai pas de carte.

f. Oui, je dois y aller. À bientôt !

g. Je n'aime pas donner de conseils aux autres.

h. C'est la meilleure université du pays, à mon avis.

i. Si vous avez oublié votre livre au restaurant, vous devez y retourner pour le chercher.

2. Qu'est-ce que vous allez faire à Barbizon ?

✍ 💬 **Reconstituez la conversation, puis jouez-la.**

– Mais pourquoi voulez-vous aller à Barbizon ?

– Comment ça, « le village des peintres » ?

– Oui, maintenant, il y a 1 500 habitants, 18 hôtels et restaurants, 10 galeries de peinture et un musée. C'est écrit dans mon guide…

– Oui, plusieurs peintres ont habité à Barbizon autour de 1830 : Corot, Courbet, Millet, Théodore Rousseau, etc., des impressionnistes.

– Ah bon ? Mais c'est un village ?

– Mais tu ne sais pas que Barbizon, c'est le village des peintres ?

– Pas à l'hôtel. D'après mon guide, ils sont trop chers pour nous.
Nous allons dormir à Fontainebleau.

– C'est incroyable ! 18 hôtels dans le village ? Et vous allez dormir où, vous ?

MILLET ? CE N'EST PAS CE QUI ME BOTTE LE PLUS !

La femme au puits,
Jean-François Millet (1866-1868).

* ce qui me botte = ce que j'aime.

3. Une curieuse invitation…

Hier, mon ami Jacques me téléphone et me demande si j'ai envie de passer le week-end à Fontainebleau avec lui. Il fait beau, et cette invitation est assez sympathique. Je connais la route de Fontainebleau, et ensuite le chemin pour arriver jusqu'à sa maison. Il n'a pas besoin de m'expliquer ça encore une fois. Mais il m'explique quand même. « Tu sais, un peu avant d'arriver chez moi, tu passes devant un petit hôtel, l'Hôtel de la forêt. Les chambres n'y coûtent pas cher. » Je ne comprends pas pourquoi il m'explique ça. Qu'est-ce que ça veut dire ? Il n'a pas de chambre pour moi chez lui ? Non, il n'a pas de chambre libre parce que sa femme a déjà invité une amie, Samira. Je ne la connais pas. Donc moi, je dois aller à l'hôtel. Il

y a déjà réservé une chambre pour moi pour une nuit, cet hôtel n'a pas de restaurant, et je vais bien sûr manger chez lui, « en voisin » dit-il.
Ça, alors ! Je ne suis pas du tout content, mais j'ai déjà accepté l'invitation. Que faire ? Je remercie Jacques et je lui dis au revoir. Ensuite, je téléphone à l'hôtel : ils n'ont plus de chambre libre pour le week-end, c'est complet… mais il y a bien une chambre réservée à mon nom, pour la nuit du samedi au dimanche ! Je les remercie…

💬 **Jouez maintenant les 2 conversations (1. avec Jacques, 2. avec l'hôtel). Vous pouvez vous préparer un peu avant de commencer.**

1. Chanson

Voici le début d'une chanson faite par les peintres de Barbizon :

> Oh quels jolis z'horisons z'ont
> Les peintres de Barbizon-zon !

Quel est le verbe de cette phrase ?

2. Interview d'une Clermontoise (Extrait, 2000)

Écoutez et répondez :
– Quand est-ce que cette étudiante va à Clermont ?
– Comment y va-t-elle ?
– Elle habite loin de la gare ?
– Comment va-t-elle à la gare ?
– Ça prend combien de temps ?
– Essayez de dessiner le trajet que cette étudiante fait pour aller à la gare.

3. Littérature (Extrait de *Voyage en Laponie* de Jean-François Regnard, 1682, éd. 10/18, 1963.)

Lisez et répondez :
– L'auteur (J.-F. Regnard) voyage à pied, en voiture, en bateau ?
– Il va vers le nord, le sud, l'est, l'ouest ?
– Combien de temps dure le voyage de Regnard ?
– Est-ce qu'il y a une ville encore plus au nord que Torneå ?

> *Il est assez difficile de croire qu'on ait pu faire un aussi long chemin [...] en quatre jours de temps. On compte, de Stockholm à Torno, deux cents milles de Suède par mer, qui valent six cents lieues de France ; et nous fîmes tout ce chemin avec un vent du sud et sud-sud-ouest si favorable et si violent qu'étant partis le mercredi de Stockholm, nous arrivâmes à la même heure le dimanche suivant. [...] Torno est situé à l'extrémité du golfe bothnique, au quarante-deuxième degré, vingt-sept minutes de longitude et au soixante-septième de latitude. C'est la dernière ville du monde du côté du nord.*

Torno = Torneå. • une lieue = environ 5 km (les mètres et kilomètres ont été introduits lors de la Révolution française, en 1790, et ce texte date de 1682). • nous fîmes = nous avons fait. • nous arrivâmes = nous sommes arrivés.

4. Blagues

a. – Dis, papa, c'est encore loin, l'Amérique ?
– Tais-toi et nage !
Tais-toi = Ne dis rien/Ne parle pas.
Cette blague fait rire les Français. Et vous ?

b. « Les blagues les plus courtes sont les moins longues. »
Êtes-vous d'accord ?

1. Qu'est-ce qu'ils peuvent dire ?

Que diriez-vous à leur place ?

2. Jeu de rôles : « une invitation »

Choisissez d'être A ou B, puis regardez votre rôle (A, page 155 ; B, page 157).

3. Vacances à l'étranger

Vous expliquez aux touristes français qui se déplacent à vélo dans votre région la route de…
(ville, village, château, forêt) qu'il faut visiter. Expliquez le chemin comme dans un guide.

4. On se retrouve au festival de St-Martin ?

Écoutez la conversation. Après cette conversation, Julien appelle une autre amie
pour l'inviter aussi. Jouez la conversation.

*I*L N'Y A PLUS DE SAISON !

OBJECTIFS : parler de la pluie et du beau temps, et de l'avenir ; parler d'activités liées au climat et à la saison.

BAGAGES

1. Elle partira quand ?

a. Observez :

POUR PARLER DE PROJETS : LE FUTUR SIMPLE
Verbe à l'**infinitif** + terminaison : **ai, as, a, ons, ez, ont**
Demain, je me coucherai (coucher + **ai**) *à 19 h. Elles prendront* (prendre + **ont**) *leurs vacances cet hiver.*

Quelques verbes irréguliers			
avoir ➜ j'aurai, tu auras, etc.	être ➜ je serai	aller ➜ j'irai	faire ➜ je ferai
voir ➜ je verrai	savoir ➜ je saurai	devoir ➜ je devrai	vouloir ➜ je voudrai
pouvoir ➜ je pourrai	falloir ➜ il faudra	venir ➜ je viendrai	
• Verbes en **-yer** (payer, tutoyer) ➜ **ier** (il paiera, nous tutoierons)			

b. Vérifiez que vous comprenez en mettant les verbes au futur :

1. J'attends mon ami ➜ *Demain, j'attendrai mon ami.* •
2. Vous comprenez tout. • 3. Elles écrivent leurs noms. •
4. Tu étudies. • 5. On peut venir. • 6. Il ne le sait pas. •
7. C'est cher. • 8. Ils choisissent la mauvaise solution. •
9. Nous nous levons tard. • 10. Elle retourne chez elle. •
11. Tu n'oublies rien. • 12. Ils expliquent vraiment bien. •
13. Ça ne veut rien dire. • 14. Je vais ramasser des champignons.

c. Demain, ou plus tard... Lisez la conversation :

– Vous avez déjà acheté cette voiture ?

– Non, je l'achèterai plus tard, la semaine prochaine peut-être.

d. 🗫 **Continuez :** acheter cette voiture ➜ finir ce livre – visiter la ville – aller à Paris – faire la sieste – avoir ce diplôme – écrire la carte postale – partir de chez soi – prendre le taxi – réfléchir à ce problème – venir en France – inviter ses amis.

2. Le temps qu'il fait

a. Observez :

LA MÉTÉO (LA MÉTÉOROLOGIE)			
il y a du soleil il fait beau/chaud il fait sec (≠ humide)	le temps est couvert le ciel est nuageux il y a du brouillard	il pleut il fait mauvais (la pluie, le vent)	il neige il fait froid (la neige)

b. Météo à la radio. Écoutez d'abord la météo, puis regardez la météo d'aujourd'hui dans quelques grandes villes, et donnez la météo comme à la radio. Vous donnerez aussi les prévisions pour demain (inventez). (mini/maxi = température minimale/température maximale)

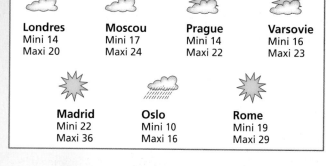

Londres	Moscou	Prague	Varsovie
Mini 14	Mini 17	Mini 14	Mini 16
Maxi 20	Maxi 24	Maxi 22	Maxi 23

Madrid	Oslo	Rome
Mini 22	Mini 10	Mini 19
Maxi 36	Maxi 16	Maxi 29

3. Les couleurs

a. Observez :

noir(e)   bleu(e)   vert(e)   jaune   orange   rouge   violet(te)   gris(e)   blanc(he)

b. Les couleurs du temps. **Complétez :**
Par beau temps, le ciel est --- . Quand il pleut, le ciel est --- .
La nuit, le ciel est --- . En hiver, quand il neige,
la campagne est toute ---, mais au printemps, elle est --- .

4. S'il pleut, on va au musée

a. Observez :

La condition et les projets : Si…
Si + présent, présent ou futur
S'il fait beau demain, on va à la plage / on ira à la plage.
N.B. si + il ➜ s'il.

b. Drôles de projets. **Lisez :**
– S'il fait beau demain, on va à la plage et on se baigne.
– D'accord. Mais si le thermomètre descend en dessous de zéro demain, on ira faire du ski.

c. Continuez à faire de drôles de projets avec : pluie/brouillard/soleil/neige/etc., et ramasser des champignons – aller au cinéma – faire une longue sieste – regarder la télévision – faire une courte promenade à la campagne ou en montagne – rester au soleil à ne rien faire – etc.

5. Quelle catastrophe !

a. Observez :

Quel… ! Quelle… ! Quels… ! Quelles… !

Quel froid !
Quel froid de canard !

Quelle pluie !
Quel temps de chien !

Quel travail !
Quel travail de fou/de Romain !

Quelle catastrophe !

Quel paradis !

b. Quel temps ! **Lisez le dialogue :**

– Quel beau temps, n'est-ce pas ?
– Oui ! Et quelle chaleur !
– En effet, quelle chaleur !

c. Il fait mauvais maintenant… **Jouez d'autres dialogues.**

6. Quand il était petit…

a. Observez :

L'IMPARFAIT
Verbe comme « **vous** » **du présent** + terminaison : **ais, ais, ait, ions, iez, aient**
vous finissez ➜ je finissais, il finissait, nous finissions, vous finissiez
vous comprenez ➜ tu comprenais, vous compreniez, ils comprenaient
Attention ! être ➜ j'étais, tu étais…, et faire ➜ je faisais…
Quand j'étais jeune, j'avais envie de tout, j'adorais l'opéra et j'habitais à Marseille.
Avant l'an 2002, il n'y avait pas d'euros et on payait en francs. Maintenant, on paie en euros.
Avant, ils ne savaient rien et ne comprenaient rien. Maintenant, ils savent tout et comprennent tout.
C'est incroyable : l'an dernier, nous ne parlions presque pas français.

b. Vérifiez que vous comprenez en écrivant la 3e personne (il/elle) de l'imparfait de ces verbes.

venir ➜ *elle venait* – vouloir – refuser – pouvoir – oublier – choisir – apprendre – avoir – aimer – devoir – devenir – il y a – savoir – travailler.

7. Parler pour ne rien dire

a. Observez :

ET BLA-BLA-BLA
ET BLA-BLA-BLA

PARLER DE LA PLUIE ET DU BEAU TEMPS (= PARLER POUR NE RIEN DIRE)	
On parle du temps qu'il fait :	Quel beau temps, n'est-ce pas ? Quel temps agréable / triste !
On parle du temps qu'il a fait :	Et hier, il faisait / a fait encore plus chaud…
On parle du temps qu'il fera :	Vous avez vu la météo pour demain ?
On parle des conséquences / projets :	On pourra…, il faudra…

b. La pluie et le beau temps. Lisez ce dialogue.

Il faisait quel temps, ce jour-là ?

– Bonjour, monsieur Avias, comment allez-vous ?
– Ça va, madame Morin. Et vous ?
– Ça va. Quel temps, hein !
– Oui, c'est vrai, il fait un drôle de temps, aujourd'hui !
– Ah oui, pour la saison, c'est pas vraiment normal, ça !
– L'an dernier aussi, il faisait presque le même temps, non ?
– Ah ? Peut-être, je ne sais plus. Mais ça ne durera pas longtemps, vous verrez…
– L'an dernier, ça a bien duré 15 jours comme ça…
– Eh bien, on verra. Allez, au revoir, monsieur Avias.
– Au revoir, madame Morin, et bien le bonjour chez vous !

c. **Ajoutez de 2 à 4 répliques (phrases) au milieu de cette conversation.**

1. Quelle est la question ?

Imaginez une question pour ces réponses :

a. – Non, on aura beaucoup de pluie demain soir.
b. – Non, demain, je me lèverai tôt !
c. – En forêt, pas en montagne, il ne fait pas assez beau.
d. – Oui, quel temps de chien !
e. – D'accord, s'il fait beau.

2. Pour passer le temps...

Reconstituez la conversation, puis jouez-la.

– Vous avez vu la télé ? Il fera beau demain !
– Ah oui, quel été !… Une vraie catastrophe !
– Vous y croyez, vous, à la météo de la télé ?
– C'est bien possible…
– Non, pas du tout, et en plus, il n'y a plus de saison.
– C'est bien vrai. L'an dernier, on a eu de la neige au mois de juillet.
– Oui, mais ça ne durera pas…
– Si la météo dit qu'il fera beau demain, pas de problème : il y aura du brouillard…
– Et au contraire, il pleuvait au début de l'année, en janvier. C'était terrible !
– Ah, quel été ! Les touristes vont tous partir…

3. Ah, quels étudiants !

Complétez pour expliquer (comme dans l'exemple a).

a. Quels étudiants ! *Ils travaillent beaucoup, ils apprennent tout, et ils sont toujours contents !*
b. Quel paradis ! **c.** Quelle catastrophe ! **d.** Quelle famille fatigante ! **e.** Quel homme ! **f.** Quelle femme !

4. Carte postale

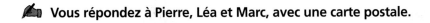

le 11 août

Nous sommes sur la plage et nous nous baignons toute la journée. Le temps est magnifique et le lac est bleu et chaud. Nous n'avons pas encore visité la région : nous attendons un ciel gris pour faire des promenades en montagne, et la pluie pour entrer dans les musées d'Annecy. Annecy est une ville magnifique. C'est le paradis… Nous espérons que vous allez bien et que vous passez aussi de bonnes vacances.

grosses bises à tous.
Pierre Léa Marc

Lac d'Annecy - Duingt

Vous répondez à Pierre, Léa et Marc, avec une carte postale.

1. Interview d'une Clermontoise (Extrait, 2000)

Écoutez et répondez :
– Il fait quel temps, ce jour-là ?
– Il fait quel temps en été à Clermont ?
– Et en hiver ?
– Que pensez-vous du climat de Clermont ? Êtes-vous d'accord avec elle ?

2. Théâtre (Entendu au festival « off » d'Avignon, juillet 2000.)

Écoutez et répondez :
– Il fait quel temps dans cette région ?

3. Littérature (Extrait de *Oberman* d'Étienne de Sénancour (1804), lettre III.)

Lisez et répondez :
– Quel peut être le pays d'où vient l'auteur (Étienne de Sénancour) ?
– Pourquoi est-ce que les Lausannois (habitants de Lausanne) disent que « le reste de la Suisse est un pays bien sauvage » (= barbare), d'après vous ?

> **J**e ne veux point parcourir la Suisse en voyageur, ou en curieux. Je cherche à être là parce qu'il me semble que je serais mal ailleurs : c'est le seul pays voisin du mien, qui contienne généralement de ces choses que je désire. [...] Mais l'hiver est long dans ces contrées élevées.
> À Lausanne, on me disait : c'est ici la plus belle partie de la Suisse, celle que tous les étrangers aiment. Vous avez vu Genève et les bords du lac ; il vous reste à voir Iverdun, Neuchâtel et Berne. [...] Pour le reste de la Suisse, c'est un pays bien sauvage.

point = pas. • je cherche à = je veux. • contrées élevées = régions de montagnes.

4. Théâtre (Extrait d'un sketch de Raymond Devos. *Matière à rire* de R. Devos, éd. Plon, 1991.)

Les chansons que je ne chante pas

[...] J'ai écrit :

Souvenirs de vacances
Ah, quel été, quel été, quel été !
Il pleuvait tant sur la côte où j'étais !
On sentait bien que l'hiver était proche !
On se baignait les deux mains dans les poches !
La p'tite amie avec laquelle j'étais...
Ah, quel été, quel été, qu'elle était moche !

De toute façon, je ne la chante pas, celle-là !
Ah ! et puis j'en ai aussi une autre aussi... que je chanterai peut-être un jour... si on insiste...

p'tite = petite. • moche = pas jolie du tout.

Ajoutez 2 vers (ironiques) à cette chanson.
Attention à la rime en /e/ (-é, -er, -et, -ai, -ais, ait ou -aient) comme dans : abonné, je préférais, marié, dernier, mauvais, journée, femme au foyer, à l'étranger...

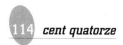

I. Qu'est-ce qu'ils peuvent dire ?

💬 **Que diriez-vous à leur place ?**

2. Musique et logique

Si Bernard va au concert, Jean y va lui aussi.
Mais si Jean ne va pas au concert, Bernard n'y va pas.
Hier soir, Jean est allé au concert de l'orchestre national.
Est-ce que Bernard est allé à ce concert ?

💬 **Expliquez votre réponse aux autres étudiants.**

3. Elles parlent de quoi ?

 Vous êtes maintenant près de deux personnes qui discutent. Vous entendez la conversation et vous essayez de comprendre de quoi elles parlent. Écoutez bien une seule fois.

Réponse : ---.

4. Sur « la toile » (juin 2000)

Projets de vacances ? J'habite un beau petit village dans les Alpes. Ma région est le paradis des sports d'hiver. J'aime évidemment beaucoup ça, mais j'aime aussi la plage en été. Je cherche une autre étudiante comme moi, pour l'inviter en février prochain (la neige est meilleure qu'en décembre). Cette étudiante doit avoir une maison dans un petit village de la côte basque, près de Biarritz, et m'inviter en début septembre (les touristes sont moins nombreux et les cours n'ont pas encore commencé à l'université). Salut.
Contacter Claire : http ://www.clportaz@lib.fr

a. ✍ **Vous habitez sur la côte basque. Répondez à Claire.**

b. ✍ **Vous habitez en Australie. Invitez Claire et soyez convaincant parce que l'Australie, c'est loin !**

ÉVALUATION DE GRAMMAIRE ET VOCABULAIRE

Test 1. Complétez ce tableau (verbes).

INFINITIF		descendre			
aujourd'hui				tu dors	
hier	j'ai répondu				nous avons réfléchi
demain			ils devront		

• *Des problèmes ? Revoyez ces verbes dans le mémento grammatical.*

Test 2. Qu'est-ce que c'est ? (devinez !)

a. On la regarde pour trouver son chemin ou connaître la distance entre deux villes. ◆ **b.** Quand il est en dessous de zéro, il fait froid. ◆ **c.** Il n'est pas encore marié, et ce n'est plus un enfant. ◆ **d.** On s'y promène le dimanche, et on y ramasse des champignons en automne. ◆ **e.** C'est la couleur du ciel quand il est nuageux ou quand il pleut. ◆ **f.** On y va pour se baigner. ◆ **g.** Il vaut mieux la réserver, parce que, après, l'hôtel peut être complet. ◆ **h.** Il dure cent ans. ◆ **i.** On y va après le bac pour y faire des études.

• *Des problèmes ? Relisez les unités 13 à 17.*

Test 3. Complétez avec un comparatif (plus de/que, autant de/que, aussi que…).

a. (=) Mon ami Richard est --- grand --- moi, mais il ne mange pas --- moi. Les maths l'intéressent --- la physique, mais il n'est pas --- bon en maths --- en physique.
b. (>, <) Il pleut --- en Bretagne --- sur la Côte d'Azur, mais j'aime --- la Côte.
c. (>, >, <) Les grands hôtels coûtent --- cher --- les petits : environ 50 euros --- par nuit. Moi, je ne vais jamais dans les --- chers.

• *Des problèmes ? Relisez les unités 15 et 16.*

Test 4. Quel est le contraire ?

un autre ≠ *le même* ◆ trop ◆ content ◆ Quelle chaleur ! ◆ long ◆ arriver ◆ souvent ◆ blanche ◆ moins bon ◆ tout le monde ◆ petite ◆ bien ◆ entrer ◆ à la campagne ◆ lentement ◆ une plaine.

• *Des problèmes ? Relisez les unités 13 à 17.*

Test 5. Répondez et utilisez un pronom (le/la/les ou y) et la négation.

a. Vous avez lu le journal ? ➜ *Non, je ne l'ai pas lu.* ◆ **b.** Vous tutoyez Mme Retieux ? ◆ **c.** Elle veut voir ce film ? ◆ **d.** Vous voulez faire une promenade à la campagne ? ◆ **e.** Vous préférez habiter dans cet immeuble ? ◆ **f.** Nous pouvons ramasser ces champignons ? ◆ **g.** Vous allez prendre le train ?

• *Des problèmes ? Relisez les unités 13 et 14.*

Test 6. Transformez les phrases en utilisant l'impératif.

a. Tu dois rester ici. ➜ *Reste ici !* ◆ **b.** Vous devez prendre un taxi. ◆ **c.** Tu ne dois pas aller voir ce film. ◆ **d.** Vous ne devez pas manger autant de viande. ◆ **e.** Tu ne dois rien dire. ◆ **f.** Vous devez attendre un moment. ◆ **g.** Mais tu dois répondre maintenant !

• *Des problèmes ? Revoyez l'unité 16.*

Test 7. Récrivez les phrases en utilisant l'imparfait.

a. Vous pouvez sortir le soir ? ➜ *Quand vous étiez jeune, vous pouviez sortir le soir ?* ◆ **b.** Dans mon village, une fête a lieu tous les ans en été. ➜ Quand j'étais jeune, --- ◆ **c.** Il fait souvent de la bicyclette ? ➜ Quand il --- ◆ **d.** Dans la famille, nous jouons tous d'un instrument de musique. ➜ Quand j' --- ◆ **e.** On va souvent au village à pied. ➜ Quand on --- ◆ **f.** En hiver, vous faites du ski ? ➜ Quand vous ---

• *Des problèmes ? Revoyez l'unité 17.*

ÉVALUATION COMMUNICATIVE

Deux ami(e)s se téléphonent. Choisissez votre rôle – A ou B –, regardez les fiches de jeux de rôles (A, p. 155 ; B, p. 157).

Opération Obélisque (épisode 3)

Résumé des épisodes précédents : X07 est arrivé à Roissy. Agénor a suivi X07 jusqu'à un restaurant, y a pris le porte-document de X07. Dans le porte-document, il y avait des papiers sur l'industrie aéronautique.

AÉROPORT
TOULOUSE - BLAGNAC

SON CURRICULUM VITAE...

Gare CFF de
Berne / Bern

VOILÀ LE DERNIER...

BAIE ST. PAUL
QUÉBEC 104 km

SIROP D'ÉRABLE
DE LA RÉGION DES LAURENTIDES

AÉROPORT DAKAR

EXCUSEZ-MOI !

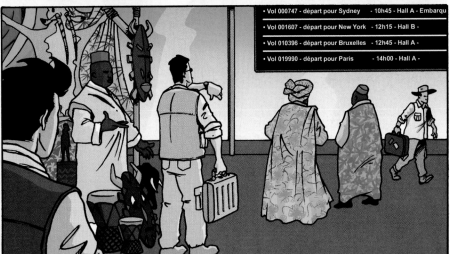

- Vol 000747 - départ pour Sydney   - 10h45 - Hall A - Embarqu
- Vol 001607 - départ pour New York   - 12h15 - Hall B -
- Vol 010396 - départ pour Bruxelles - 12h45 - Hall A -
- Vol 019990 - départ pour Paris   - 14h00 - Hall A -

C'EST LE MOMENT OU JAMAIS...

EXCUSEZ-MOI ! JE SUIS DÉSOLÉ, VRAIMENT...

Opération Obélisque (épisode 3, suite)

1. Pouvez-vous expliquer un peu mieux l'histoire (le « résumé des épisodes précédents » – haut de la page 101).
2. Écrivez les notes d'Agénor pour le rapport à son chef, Nestor.
3. Qu'est-ce qui va se passer maintenant ? (Devinez.)

Le sandwich de l'Empereur

Mon village, c'est deux mille habitants, une vieille église, quatre magasins, un café-tabac, cinq cafés, deux hôtels et six restaurants. Rien de bien intéressant. Il y a des montagnes, mais pas de lac à côté pour se baigner, ou de belle forêt pour faire des promenades. Des agriculteurs, un médecin, une petite usine qui ne va pas très bien, pas beaucoup de travail pour les jeunes... Je n'ai jamais compris pourquoi autant de touristes viennent et restent une heure ou deux jours dans mon village. Ils arrivent en voiture ou en bus (il n'y a pas de train dans la vallée) par la route nationale, une route de montagne où on ne peut pas aller très vite. Les Parisiens voudraient faire une autoroute dans la vallée, pour aller plus vite vers la Provence, mais ici, nous ne sommes pas favorables à ce projet : nous ne voulons pas d'autoroute.

Le tabac vend des souvenirs aux touristes et la saison touristique dure quatre mois. Les souvenirs d'un village ? Incroyable, n'est-ce pas ? Mais c'est à cause de Napoléon et de la route nationale. Je vais vous expliquer : Napoléon n'est pas né ici, mais il est passé par le village le 14 mars 1815 (trois mois avant Waterloo), et il a dormi dans l'un des deux hôtels. On appelle la route nationale qui passe au centre du village « route Napoléon », et les touristes passent donc ici : ils « font » la route Napoléon (comme on dit quand on est touriste). Ils la font en été, parce qu'en hiver, avec la neige, la route est moins amusante à « faire ». Ils achètent des cartes postales et ils mangent dans un des cinq restaurants qui proposent les deux spécialités du village : le steak de l'Empereur et la tarte Napoléon. Merci, Napoléon !

À mon avis, le sixième restaurant est le plus dynamique : on y propose un « Menu du 14 mars 1815 » et on peut y manger devant une grande peinture datée de 1816 où Napoléon mange dans ce restaurant avec ses soldats ! On peut lire aussi, en

grand, sur une photographie noir et blanc, deux lignes écrites par Napoléon où il remercie l'hôtel-restaurant... Extraordinaire, n'est-ce pas ? Vous devinez que ce n'est pas Napoléon qui a écrit cela, et que la peinture a été faite spécialement pour cet hôtel par un artiste local il y a cinq ans... Mais les touristes sont enchantés : ils vont avoir quelque chose à raconter à leurs amis. Ils posent quelques questions sur la peinture et nous répondons qu'on l'a trouvée dans une vieille maison du village, qu'on ne connaît pas l'artiste, mais que Napoléon est arrivé dans le village à cheval à six heures du soir, etc., qu'il a fini son repas par un verre de cognac...

Moi, je travaille dans ce restaurant en été, le soir, pendant mes vacances (je vais encore à l'école). J'ai l'intention d'ouvrir plus tard, quand je serai grand, un nouveau café, un café qui proposera des sandwichs « historiques » : le « sandwich de l'Empereur ». Nous avons une petite bibliothèque à la mairie et j'ai lu plusieurs livres d'histoire sur Napoléon et son époque. J'ai cherché, mais je n'ai rien trouvé sur les sandwichs aux XVIIIe et XIXe siècles. Vous connaissez un livre sur l'histoire des sandwichs, vous ?

VOUS AVEZ GOÛTÉ NOS SPÉCIALITÉS ?

OBJECTIFS : parler d'aliments, comprendre un menu, proposer, accepter, refuser, insister, conseiller.

BAGAGES

1. Mangez des fruits !

a. Observez :

POUR UNE QUANTITÉ NON PRÉCISÉE : LES ARTICLES **DU, DE LA, DE L', DES**
• J'aime **le** pain, **le** café au lait et **la** confiture.   Le matin, au petit déjeuner, je prends **du** pain, **du** café au lait et **de la** confiture.   • **L'**eau minérale et **les** fruits sont bons pour la santé.   Au déjeuner, je bois **de l'**eau minérale et je mange **des** fruits.   • J'aime aussi **la** viande.   Le soir, au dîner*, je prends **de la** viande.   * Les Belges, les Québécois et les Suisses disent « souper ».

b. Vérifiez que vous comprenez en continuant :
J'aime le chocolat. ➜ *Je mange du chocolat tous les jours.* – J'aime la confiture, les fruits, le yaourt, le fromage, la salade, les pâtes, le lait, le vin.

c. Du fromage le matin ? **Lisez la conversation :**
– Moi, le matin, je mange du fromage.
– Du fromage le matin ?

– Oui, j'aime beaucoup le fromage. Pas vous ?
– Moi, non. Moi, le matin, je mange du jambon.
– Du jambon le matin ?

d. 💬 **Continuez la conversation :** le fromage – le jambon – la viande…

2. Vous prenez combien de lait ?

a. Observez :

POUR UNE QUANTITÉ PRÉCISÉE : … DE…, … D'…
combien **de** (…) ? pas (jamais) **de** (…), peu **de** (…), un peu **de** (…), beaucoup **de** (…), plus **de** (…), moins **de** (…), un kilo **de** (…), cent grammes **de** (…), un litre **de** (…), une bouteille **de** (…), un verre **de** (…)

b. Vérifiez que vous comprenez en complétant :
1. – Vous prenez de la bière ? – Non merci, je ne --- •
2. – Vous prenez --- ? – Non, je ne mange pas de fromage. •
3. – Vous voulez du lait ? – Non merci, --- • 4. – Vous buvez --- ? – Oui, je bois un litre --- eau minérale par jour.

c. Combien de calories ? **Lisez :**
– Il y a combien de calories dans 100 grammes de pomme de terre ?
– La pomme de terre n'apporte pas beaucoup de calories : 70 (seulement).

d. 💬 **Posez des questions à votre voisin(e).**

Ça vous apporte combien de calories ?	
le chocolat	470 à 570 calories pour 100 g
le fromage	400
les pâtes	360
la viande rouge	250 à 350
le pain	250
les œufs	160
le poisson blanc	75
les pommes de terre	70
le vin rouge	60
le lait	35 à 66
la bière	40 à 60
le yaourt	55
la salade verte	15

3. Vous en prenez combien ?

a. Observez :

POUR NE PAS RÉPÉTER : DU, DE LA, DES... → EN (+ QUANTITÉ)
– Vous prenez **du café**, le matin ? – Oui, j'**en** prends (beaucoup/un peu...). / Non, je n'**en** prends pas.

b. Vérifiez que vous comprenez en répondant sans répéter :

– Vous prenez de la bière ? – Oui, j'en prends./Non, je n'en prends pas. *(voir questions 2.b)*

c. Statistiques. **Lisez :**

– Les Français boivent du lait ?
– Oui, ils en boivent beaucoup/un peu.
– Mais ils en boivent combien exactement ?
– Ils en boivent 48 litres par an.

d. 🗨 **Continuez :** lait → bière – vin – eau minérale...

QU'EST-CE QU'ILS BOIVENT ?

Les Français boivent, on le sait, beaucoup de vin : en moyenne, ils en boivent 68 litres par an. Les jeunes, eux, boivent assez peu de vin, ils préfèrent la bière. Voici quelques chiffres (en moyenne par an, pour les Français de plus de 18 ans).
1. de l'eau minérale : 94 litres
2. du café : 71 litres
3. du vin rouge : 54 litres
4. du lait : 48 litres
5. de la bière : 39 litres
6. du vin blanc : 14 litres
7. du thé : 3 litres

C'EST PAS VRAI ! ILS *RACONTENT DES SALADES DANS LES JOURNAUX ! MOI, JE NE BOIS PAS AUTANT D'EAU MINÉRALE !

* Raconter des salades = dire des choses fausses ou incroyables.

4. Trop, c'est trop !

a. Observez :

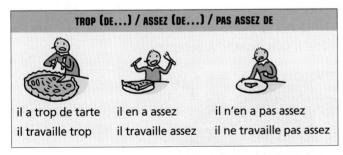

TROP (DE...) / ASSEZ (DE...) / PAS ASSEZ DE		
il a trop de tarte il travaille trop	il en a assez il travaille assez	il n'en a pas assez il ne travaille pas assez

b. Vérifiez que vous comprenez en complétant la question ou la réponse :

1. – Il a assez de poisson ? – Non, --- • 2. – Elle ---? – Non, au contraire, elle ne parle pas assez. – • 3. – Il y a trop de travail ! – Mais non, au contraire, --- • 4. – ---! – Non, il est assez chaud, mais à mon avis, pas trop. • 5. – Il y a en trop ! – Mais non, au contraire, ---

* J'en ai assez ! = C'est trop ! Ça ne va plus !

5. J'insiste !

a. Observez :

POUR PROPOSER ET INSISTER	POUR ACCEPTER / REFUSER
– Vous en prenez/voulez encore un peu ?	– Oui, volontiers/je veux bien, merci.
– Vous en reprendrez bien, n'est-ce pas ?	– Non, merci, ça va. Je n'ai plus faim/soif.
– Allez, encore un peu ! Un petit effort !	– Non, merci, vraiment, c'est trop.
– Vous êtes sûr que vous n'en voulez plus ?	– C'est vraiment très bon, mais non, merci.

b. Vous en avez repris ? **Lisez la conversation :**

– Vous avez repris de la tarte ?
– Non, je n'en ai pas repris.
– Mais vous allez en reprendre, n'est-ce pas ?
– Non, merci, je ne vais pas en reprendre.
Elle est absolument exquise mais je n'ai plus faim.

c. Jouez d'autres conversations :
tarte ➔ jambon – fromage – lait…

6. Qu'est-ce que vous me conseillez ?

a. Observez :

POUR DEMANDER UN CONSEIL	POUR CONSEILLER / RECOMMANDER
– Qu'est-ce que vous me conseillez / recommandez ?	– Je vous conseille de manger des yaourts.
– Quel fromage vous me conseillez ?	– Je vous recommande de… / Il faut absolument goûter les spécialités de la région.
– Vous me recommandez quel vin ?	– Il vaut mieux boire de l'eau minérale.
	– Buvez plutôt du vin rouge, avec le fromage.
HÉSITER À SUIVRE UN CONSEIL / ACCEPTER DE SUIVRE UN CONSEIL	
– Vous croyez vraiment que je dois manger ces yaourts ? Vous êtes sûr(e) ?	– C'est une bonne idée, toutes ces salades. Je vais suivre votre conseil.

b. Jouez une conversation à deux :

A demande un conseil, B recommande une spécialité, A hésite. B doit insister. A accepte.

QU'EST-CE QUE TU ME CONSEILLES ?

QU'EST-CE QUE JE PEUX BIEN TE CONSEILLER ?… PFF… *C'EST PAS D'LA TARTE !

* C'est pas d'la tarte ! = C'est difficile !

I. Logo-rallye

Faites une phrase où entrent les mots suivants (dans l'ordre ou le désordre).

Exemple : en - an - en - boire ➜ En moyenne, ils en boivent 20 litres par an.

a. recommander - plutôt - goûter - prendre
b. vraiment - très - mais - plus
c. faim - avoir - assez - pas - encore

2. L'interview de Nina Bacri

Imaginez et jouez l'interview de Nina Bacri par le/la journaliste qui a écrit l'article.

NINA BACRI

le secret de sa forme

QU'EST-CE QU'ELLE MANGE ?

Le matin, au petit déjeuner, du pain et de la confiture, avec du café au lait. À midi, un repas léger : un sandwich au jambon ou au fromage, une salade verte, des fruits. Le soir, au dîner : des pâtes ou des pommes de terre, de la viande ou du poisson, un ou deux yaourts.

3. Une curieuse invitation (suite)

Relisez d'abord le parcours 3 (Une curieuse invitation) de l'unité 16. Voici la suite de cette histoire :

Vendredi soir. Je suis arrivé à l'Hôtel de la forêt vers sept heures. On me demande si je vais manger. Tiens ? Il y a un restaurant dans cet hôtel ?

C'est curieux, mon ami Jacques m'a dit que non. Non, ils n'ont pas vraiment de restaurant, mais ils font des repas (le soir, pas chers) pour les gens qui ont une chambre chez eux. J'explique que je vais dîner chez un ami qui habite à côté, et je les remercie… Très bien, mais si je change d'avis, si je préfère manger à l'hôtel, je dois le dire avant huit heures. « Après, ce sera trop tard. » Et ils me disent quel est le menu.

Je pars à pied, et après une promenade de cinq minutes, j'arrive à la maison de Jacques. Devant la maison, il y a une jolie jeune femme. C'est peut-être Samira, l'amie de la femme de Jacques. Je lui dis bonjour. Elle est enchantée de me connaître, moi aussi, et elle me dit que Jacques n'est pas là : une catastrophe dans sa famille, elle n'a pas compris quoi. Sa femme et lui sont partis en voiture pour Strasbourg il y a dix minutes… Que faire ? Il n'est pas encore huit heures. Je demande à Samira si elle a faim. Elle n'a pas très faim, mais j'insiste un peu, elle accepte mon invitation, et nous retournons à mon hôtel pour dîner ensemble…

Pendant le repas, nous parlons de la pluie et du beau temps, puis de Barbizon.

Jouez maintenant trois conversations :

1. à l'hôtel quand il arrive ; 2. avec Samira, devant la maison de Jacques ; 3. à l'hôtel pendant le repas.
Vous pouvez vous préparer un peu avant de commencer.

N.B. Il n'est pas nécessaire de tout comprendre !

I. Au restaurant

🔊 **Notez la commande du client.**

2. Interview d'une Gabonaise (Extrait, 2000)

🔊 **Écoutez et répondez :**

	VRAI	FAUX
a. Frédérique dit qu'elle est une bonne conseillère.	☐	☐
b. Elle connaît bien le Gabon.	☐	☐
c. Elle recommande de visiter la réserve d'animaux.	☐	☐
d. Il n'y a rien d'intéressant à acheter au Gabon.	☐	☐
e. L'objet typique est une statuette de M'Bigou.	☐	☐

Quelle est la meilleure saison pour visiter le Gabon ?

3. Proverbes et expressions

a. Manger comme quatre.
b. Deux avis valent mieux qu'un.
c. Qui a bu boira.
d. La nuit porte conseil.

Existe-t-il un équivalent de ces expressions et proverbes dans votre langue ?
Pouvez-vous dire la même chose avec d'autres mots, en français ?

4. Article de magazine

ALIMENTATION

Quels conseils suivre ?

■ On sait maintenant, on en est même sûr, que les aliments sont plus ou moins bons pour la santé. Mais il est bien compliqué de savoir ce qu'il vaut mieux manger ou ne pas manger... L'OMS*, par exemple, recommande de manger moins de dix œufs par semaine. La British Heart Foundation conseille de ne pas manger plus de 4 œufs par semaine, et le Committee on Medical Aspects of Food Policy recommande un seul œuf.

En Allemagne, on conseille 10 g d'œuf par jour, 6 g aux États-Unis et 2 en Suède.

Pour l'alcool, en France, on dit qu'on peut boire jusqu'à 60 g de vin par jour, 28 g aux États-unis et 6,7 en Suède. Mais presque tout le monde est d'accord sur une chose : les graisses ne doivent pas représenter plus de 30 % du total des calories. ■

(D'après Anne Leblanc, *Le Point* n° 1325, 7 février 1997.)

* Organisation mondiale de la santé.

💬 **Discutez : et chez vous, qu'est-ce qu'on recommande ? Qu'en pensez-vous ?**

I. Qu'est-ce qu'ils peuvent dire ?

Que diriez-vous à leur place ?

2. Qu'est-ce qui s'est passé avant ?

🗨️ **À partir des dessins, racontez ce qui s'est passé avant, puis jouez une conversation :**

3. Elles parlent de quoi ?

 Vous êtes près de deux personnes qui discutent. Vous entendez la conversation et vous essayez de comprendre de quoi elles parlent.
Écoutez une seule fois.
Réponse = un/une…

4. Au restaurant

A entre dans un restaurant.
B travaille dans ce restaurant.

Choisissez un rôle et regardez les fiches de jeux de rôles (A, p. 155 ; B, p. 158) avant de jouer.

5. Ils sont comme ça !

🗨️ ✍️ **Interviewez quelques personnes autour de vous et écrivez un article sur ses/leurs habitudes alimentaires.**

QU'EST-CE QUE VOUS VOULEZ DIRE?

OBJECTIFS : téléphoner, préciser, expliquer, se faire préciser ou expliquer, raconter une conversation.

BAGAGES

I. Allô !

a. Observez :

POUR TÉLÉPHONER	
Se présenter (ou non)	– Allô ! Bonjour, ici Philippe. / Bonjour, monsieur. Je m'appelle Philippe.
	– Allô ! Salut ! C'est moi ! / Devine qui t'appelle ! / Tu me reconnais ?
S'excuser	– Je ne te dérange pas ? / Excusez-moi de vous déranger à cette heure...
Demander quelqu'un	– Je voudrais parler à... s'il vous plaît.
Répondre	– Oui, c'est de la part de qui ? Ne quittez pas. / Un moment/un instant, SVP. / Je vous le/la passe.
	– Désolé(e) / je regrette, il / elle n'est pas là. Vous voulez lui laisser un message ? / Il/elle peut vous rappeler plus tard / demain ?
	– Je regrette, c'est une erreur. Ici, c'est le 02 34 78 95 29.
Commencer à parler	– Je vous appelle / téléphone pour... parce que...
	– Voilà/dis, je t'appelle pour... parce que...

b. Vérifiez que vous comprenez en complétant la conversation :

– ---! Je --- parler --- monsieur Dumont. – ---? – De Jérôme Adier. – --- – Merci. – Ah ! je suis désolée --- . – Ah ! Je peux ---? – Oui, je vous écoute. – Voilà : j'ai trouvé le livre qu'il cherche. – Alors, je note, c'est de la part de monsieur Adier, n'est-ce pas ? – Oui. – Vous avez trouvé le livre qu'il cherche, c'est noté. – Merci, au revoir, madame.

c. 🔈 🗨 Écoutez la conversation, puis jouez d'autres coups de téléphone entre jeunes (tu), entre adultes (vous), qui se connaissent ou ne se connaissent pas.

*passer un coup de fil = donner un coup de téléphone = téléphoner.

EUH... ATTENDS, PAPA, J'AI UNE COPINE QUI DOIT ME *PASSER UN COUP DE FIL.

MAIS MOI AUSSI, JE DOIS DONNER UN *COUP DE TÉLÉPHONE !

2. Je connais quelqu'un qui connaît quelqu'un...

a. Observez :

LES PRONOMS RELATIFS **QUI, QUE**	
Mon amie aime beaucoup le chocolat.	
Mon amie, **qui** aime le chocolat, en mange trop.	Le chocolat **que** mon amie aime est le chocolat noir.
Cette région intéresse mes amis.	
La région **qui** intéresse mes amis est là.	Mes amis, **que** cette région intéresse, y retournent cet été.
C'est cette région **qui** intéresse mes amis.	

b. 📼 🗨 Transformez les phrases typiquement orales que vous entendez en phrases plus typiquement écrites. *Exemple*: J'ai un ami, il connaît six langues étrangères ➜ *J'ai un ami qui connaît six langues étrangères.*

3. Je connais quelqu'un qui connaît un pays où...

a. Observez:

LE PRONOM RELATIF OÙ
J'ai trouvé ce livre **à** *la librairie*.
La librairie **où** j'ai trouvé ce livre est là.
C'est la librairie **où** j'ai trouvé ce livre.

b. 📼 🗨 Écoutez et jouez d'autres conversations:
– C'est une belle ville, on peut y visiter beaucoup de choses.
– Tu connais cette forêt? On y trouve des champignons.
– C'est une région intéressante, mais on y voit surtout des touristes!

4. Pouvez-vous m'expliquer?

a. Observez:

QUAND ON ENTEND MAL		
– Qu'est-ce que vous dites? / Je vous entends mal. Pardon? Parlez plus fort, s'il vous plaît.		
– Je n'ai pas compris/entendu. Parlez plus lentement/moins vite / Répétez, s'il vous plaît.		
QUAND ON COMPREND MAL		
Qu'est-ce que ça veut dire? Vous pouvez le traduire en italien? Comment ça se dit en grec?		
Expliquer	Ça veut dire… / Je veux dire que… / C'est-à-dire, si vous préférez… / Par exemple…	
Traduire	Ça veut dire… en français. / Ça se dit… en allemand.	
Vérifier qu'on a compris	Vous comprenez? / C'est clair, maintenant?	
QUAND ON CHERCHE UN MOT OU NOM		
Quelque chose	une chose / un truc / un machin. Comment ça se dit, déjà?	
Quelqu'un	Machin(e). Comment il s'appelle, déjà? Euh…	

b. Vérifiez que vous comprenez en complétant les petites conversations:

1. – Allô! Je voudrais parler à Maurice, s'il vous plaît. – Pardon? --- ? – Je voudrais parler à Maurice. • 2. – Vous avez un ordinateur? – Pardon, un quoi? --- ? – C'est un truc pour écrire et compter. – --- ? – En russe? Je ne sais pas, mais on dit *computer* en anglais, je crois.

c. Expliquez-moi, s'il vous plaît. Lisez la conversation:

– Qu'est-ce que c'est, un bureau de tabac?
– Un bureau de tabac? C'est un truc… enfin, un magasin, quoi, où on achète…
– Oui, au Québec, on dit « une tabagie ».

d. 📼 🗨 Écoutez la suite de la conversation, puis jouez d'autres conversations:

bureau de tabac ➜ discothèque – librairie – programme – apostrophe – bouteille – magasin – magazine – curriculum vitae…

5. Mais je lui parle souvent !

a. Observez:

LES PRONOMS PERSONNELS ME, TE, LUI, NOUS, VOUS, LEUR			
à moi ➜	ME: *Il me parle en français.*	à nous ➜	NOUS: *Il nous a tout raconté.*
à toi ➜	TE: *Qu'est-ce qu'il te dit ?*	à vous ➜	VOUS: *Je vous conseille cette eau.*
à lui/elle ➜	LUI: *Vous lui téléphonez ?*	à eux/elles ➜	LEUR: *Je leur écris souvent.*

b. Vérifiez que vous comprenez en complétant la réponse:

1. – Il explique l'exercice aux étudiants ? – Oui, il --- explique l'exercice. • 2. – Ce travail vous plaît ? – Oui, il --- plaît beaucoup. • 3. – Elle téléphone à ses amis ? – Oui, elle --- téléphone souvent. • 4. – Elle a répondu à Fabrice ? – Oui, elle --- a répondu. • 5. – Qu'est-ce que vous me recommandez ? – Je --- recommande le poisson. • 6. – Vous préférez la viande ? – Oui, ça --- apporte beaucoup de calories et nous en avons besoin.

c. 📼 🗨 Écoutez la conversation puis jouez-en d'autres:

parler à Antoine ➜ téléphoner à tes parents – écrire à votre mari – me répondre – acheter des livres aux enfants.

*Les enfants, le fils/le frère
et la fille/la sœur.
Les parents, le père/le mari
et la mère/la femme.*

6. Qu'est-ce qu'il lui dit ?

a. Observez:

LE DISCOURS INDIRECT
– Qu'est-ce qu'elle lui dit ?
– Elle lui dit qu'elle n'entend rien.
– Et qu'est-ce qu'il lui demande ?
– Il lui demande si elle entend.
– Ah ? Et elle répond ?
N.B. si + il ➜ s'il

b. Vérifiez que vous comprenez en mettant au discours indirect:

1. – Ça va ? – Non, ça ne va pas ! • 2. – Il est parti ? – Non, il reste ici. • 3. – Vous partez quand ? – Je pars demain.

c. 🗨 ✍ Jouez et continuez cette conversation, puis continuez à raconter:

– Allô ! Bonsoir, monsieur. Je peux parler à votre fille ?

– Vous voulez lui parler ? Euh, je vais la chercher, ne quittez pas.

– Merci. … Allô ? Ici Rémy. Je ne te dérange pas ?

– Non, mais je ne connais pas de Rémy.

– C'est toi, Martine ?

– Non, je ne m'appelle pas Martine.

– Ah… Je peux parler à ta sœur ?

– Ma sœur, mais elle dort, ma sœur !

– Ah ! Euh… tu es sûre ?

– Ben oui, elle a deux ans… et moi, j'ai six ans !

Rémy téléphone à Martine. C'est le père qui répond. Il lui dit bonsoir et il lui demande s'il peut parler à sa fille. Le père est un peu surpris…

1. Logo-rallye

👈🏼 **Faites une phrase où entrent les mots suivants (dans l'ordre ou le désordre) :**
a. hier - que - fille - au
b. rappeler - tard - lui - message
c. vouloir - dire - parle - trop - vite

2. Je dois m'exercer !

Lisez d'abord cette conversation entre un mari et sa femme.
– Dis, Marthe, il est quelle heure ?
– Tu as oublié que c'est dimanche, aujourd'hui ? Tu ne vas pas travailler !
– Je sais, mais je veux savoir l'heure !
– Bon, je vais te dire l'heure, mais toi, tu me dis après pourquoi tu me demandes ça. Il est huit heures…
Quoi ? Tu sors ? Dis-moi pourquoi !
– Je dois aller m'exercer ! Tu es fatigante avec toutes tes questions !
– T'exercer à quoi ? Qu'est-ce que tu veux dire ?
– Je n'ai pas le temps de t'expliquer maintenant. Tchao !

Midi et demi :
– Dis, tu as vu l'heure ? Tu t'es bien exercé, hein !
– Oui, je suis bien content. Et toi, qu'est-ce que tu as fait ?
– J'ai acheté du lait et des croissants. J'ai fait du café, et je t'ai attendu pour le petit déjeuner !
– Nous, on a joué pendant deux heures !
– Excuse-moi, mais qu'est-ce que tu racontes ? Joué aux cartes ? Joué au foot ? Avec qui ?
– Non. J'ai joué du saxophone. On a commencé un groupe de jazz avec Louis et Rachid.

👈🏼 **Continuez maintenant l'histoire que la femme raconte dans une lettre à une amie.**
Cédric est bizarre, en ce moment. Ce matin, il me demande l'heure. Je le regarde un peu surprise,
parce qu'aujourd'hui, c'est dimanche, et le dimanche matin, nous ne travaillons pas et nous nous levons tard.
Mais il insiste…

3. Non, vous ne me dérangez pas du tout

👈🏼 💬 **Lisez le début et la fin de cette conversation.**
Écrivez puis jouez la partie qui manque (plusieurs répliques) :
– Allô, Paul ? Je ne te dérange pas ?
– Excusez-moi, mais qui êtes-vous ?

– C'est ça : je ne suis pas Paul !

📼 **Écoutez ensuite la conversation.**

4. Photographe

Imaginez que c'est vous qui avez pris une des photos de ce manuel.
Proposez trois phrases (utilisant deux pronoms relatifs) pour présenter cette photo.
a. (qui + que)
b. (qui + où)
c. (que + où)

I. Interview d'une Clermontoise (Extrait, 2000)

Écoutez et répondez:

– Est-ce que vous faites exactement comme Julie ? Sinon, qu'est-ce que vous faites d'autre ?

2. Théâtre (Extrait de *La Leçon*, pièce en un acte d'Eugène Ionesco, NRF, 1950.)

Écoutez et répondez: pouvez-vous traduire dans votre langue la phrase proposée par le professeur ?

LE PROFESSEUR – Bien, continuons, je vous dis, continuons. Comment dites-vous, par exemple, en français : les roses de ma grand-mère sont aussi jaunes que mon grand-père qui était asiatique ? […]

L'ÉLÈVE – En français ?

LE PROFESSEUR – En français. […]

L'ÉLÈVE – Eh bien, on dira, on dira, en français, je crois : les roses… de ma… Comment dit-on grand-mère, en français ?

LE PROFESSEUR – En français ? Grand-mère.

L'ÉLÈVE – Les roses de ma grand-mère sont aussi jaunes… En francais, ça se dit « jaunes » ?

LE PROFESSEUR – Oui, évidemment !

L'ÉLÈVE – Sont aussi jaunes que mon grand-père quand il se mettait en colère.

LE PROFESSEUR – Non… qui était a…

L'ÉLÈVE – … siatique…

LE PROFESSEUR – C'est cela. […] Continuons ! À présent, traduisez la même phrase en espagnol, puis en néo-espagnol…

L'ÉLÈVE – En espagnol… ce sera : les roses de ma grand-mère sont aussi jaunes que mon grand-père qui était asiatique.

LE PROFESSEUR – Non, c'est faux.

L'ÉLÈVE – Et en néo-espagnol… ce sera : les roses de ma grand-mère sont aussi jaunes que mon grand-père qui était asiatique.

LE PROFESSEUR – C'est faux. C'est faux. C'est faux. Vous avez fait l'inverse. Vous avez pris l'espagnol pour du néo-espagnol, et le néo-espagnol pour de l'espagnol… Ah… non… c'est le contraire.

Jouez la scène. D'abord avec le texte sous les yeux, puis sans regarder le texte.
Improvisez alors, au besoin. Le « professeur » peut aussi proposer une autre phrase à son élève.

I. Répondeur

✍ Écrivez un message pour votre répondeur (en français parce que des amis français vont peut-être vous téléphoner), puis prononcez-le comme si vous enregistriez.

2. Elles parlent de qui ?

📼 Vous êtes maintenant près de deux personnes qui discutent. Vous entendez la conversation et vous essayez de comprendre de qui elles parlent. Écoutez une seule fois.

Réponse = son …

3. Qu'est-ce qu'ils peuvent dire ?

🗩 Que diriez-vous à leur place ? Racontez les scènes.

4. C'est de la part de mon ami(e) qui ne parle pas bien français...

C (Christopher) ne parle pas très bien français : pour lui, c'est difficile de téléphoner en français.
Il demande à B (Béatrice) de téléphoner pour lui à A (Alice).
La conversation au téléphone commence comme ça :

> ALLÔ, ALICE ? ICI BÉATRICE. VOILÀ, JE TE TÉLÉPHONE DE LA PART DE CHRISTOPHER, IL VOUDRAIT TE DEMANDER…

> ALLÔ ?

> QU'EST-CE QU'ELLE DIT ?

a. En petit groupe, choisissez qui sont A, B, C, et ce que C veut demander à A.
Puis choisissez qui jouera les rôles A, B et C.

b. 🗩 **Jouez la conversation. (Pendant la conversation, C demande à B ce que dit A.)**

OBJECTIFS : décrire et localiser des objets et des personnes, raconter au passé **(1).**

BAGAGES

I. C'est comment, exactement?

a. Observez:

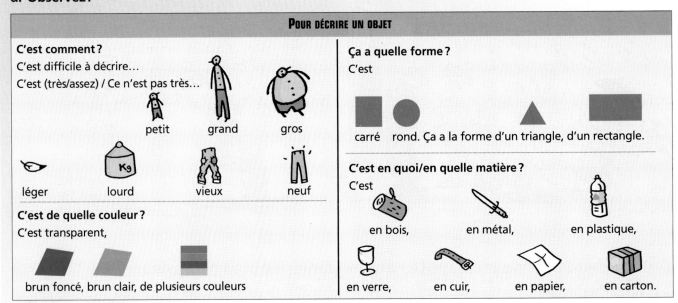

POUR DÉCRIRE UN OBJET

C'est comment?
C'est difficile à décrire…
C'est (très/assez) / Ce n'est pas très…

petit   grand   gros

léger   lourd   vieux   neuf

C'est de quelle couleur?
C'est transparent,

brun foncé, brun clair, de plusieurs couleurs

Ça a quelle forme?
C'est

carré   rond. Ça a la forme d'un triangle, d'un rectangle.

C'est en quoi/en quelle matière?
C'est

en bois,   en métal,   en plastique,

en verre,   en cuir,   en papier,   en carton.

b. Oui ou non? **Choisissez sur le dessin un objet, et votre voisin(e) vous pose des questions pour deviner quel est l'objet.** Attention ! Il faut répondre seulement oui ou non.

PFFF! TOUS CES TRUCS! C'EST * DINGUE! MOI, J'AI PAS BESOIN DE TOUT ÇA!

* C'est dingue = c'est fou.

2. Dis, elles sont où, mes lunettes ?

a. Observez :

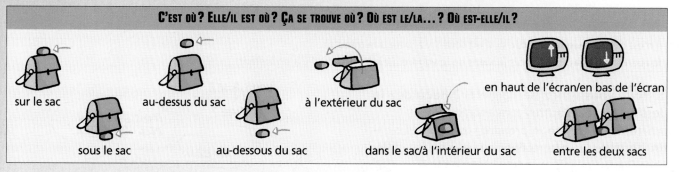

C'EST OÙ ? ELLE/IL EST OÙ ? ÇA SE TROUVE OÙ ? OÙ EST LE/LA… ? OÙ EST-ELLE/IL ?

sur le sac — au-dessus du sac — à l'extérieur du sac — en haut de l'écran/en bas de l'écran

sous le sac — au-dessous du sac — dans le sac/à l'intérieur du sac — entre les deux sacs

b. Quel désordre ! **Lisez la conversation :**
– Dis, je cherche mon agenda, il est où ?
– Attends, je l'ai vu tout à l'heure…
– Il était où ?
– Il était… à droite du réveil, je crois.
– À droite du réveil ? Ah oui ! Il y est toujours !

c. 💬 **Jouez d'autres conversations avec d'autres objets :**
(regardez le dessin p. 132) un réveil ➜ une clé – un sac – un dictionnaire…

3. Il était comment ?

a. Observez :

POUR DÉCRIRE UNE PERSONNE
Il/Elle est/était comment ?
Il/Elle est (assez/très) vieille/vieux, jeune. Il/Elle est (assez/très) petit(e), grand(e). Pas gros(se), mince, au contraire.
Elle/Il a/avait les cheveux/les yeux comment ?
Elle/Il a les cheveux bruns, blonds, noirs, gris… Elle/Il est brun(e), blond(e). Elle/Il a/avait les yeux bleus, noirs, verts…
Qu'est-ce qu'elle/il porte/portait ?
Elle a/avait/Il porte/portait des lunettes, un sac, des vêtements noirs…

IL ÉTAIT COMMENT ?

OH ! IL ÉTAIT PAS *SUPER SYMPA. EN PLUS, IL ÉTAIT PAS *MARRANT !

* super sympa = très sympathique.
* marrant = amusant.

b. 📼 Tu vois qui je veux dire ? **Écoutez les enregistrements, regardez le dessin et dites à quelles personnes ils correspondent.**

4. C'est tout nouveau : ça vient de se passer

a. Observez :

LE PASSÉ RÉCENT = **VENIR DE + INFINITIF**
Il n'est pas là, **il vient de sortir**. (= il est sorti il y a juste une minute)
Je regrette, j'en avais un, mais **je viens de le vendre**. (= je l'ai vendu il y a un instant)

b.  Vous venez de l'acheter ? **Regardez le dessin et jouez d'autres conversations :**

acheter cette voiture ➜ prendre vos vacances bientôt – écouter les informations à quelle heure – téléphoner à Luc quand – vendre votre maison…

* Sans blague ! = Vraiment ? C'est incroyable !

5. À quoi ça ressemble ?

a. Observez :

POUR DÉCRIRE UNE PERSONNE OU UN OBJET EN COMPARANT
Elle/Il ressemble à qui ? Ça ressemble à quoi ?
Elle/Il ressemble (un peu) à… Elle a **les mêmes** yeux/cheveux **que**…
C'est/C'était (un peu) comme un(e)… mais c'est/c'était plus/moins gros, lourd, foncé…
C'est (presque/un peu) **de la même** couleur/forme **que**… C'est grand/petit comme ça.
On dirait un(e)… Elle/Il/Ça a l'air d'un(e)… C'est **une sorte de**…

b. 🔲 💬 Devinez ce que je viens d'acheter !
Écoutez la conversation puis jouez-en d'autres avec d'autres objets.

6. Alors, ça s'est bien passé ?

a. Observez :

POUR SITUER DANS LE PASSÉ PAR RAPPORT À UN MOMENT PRÉCIS
Je suis parti le 22, je suis arrivé **le lendemain** (le 23) / **trois jours après** (= le 25).
Il l'a invitée **la veille** de son départ (= **un jour avant**).
Mais non, il n'est pas revenu à midi, il est revenu **deux heures avant** (= à dix heures).

b. 🖊 **Complétez la carte postale à partir des notes de Ghislaine :**

– arrivée à Genève le 18 à midi.
– visite de la vieille ville le 19.
– départ pour Lausanne le 22.
– visite du musée Ariana et rencontre de Georges et Claudia le 21. Repas au restaurant avec eux le soir.

Chers amis,
Le voyage de chez vous à Genève s'est très bien passé : nous sommes arrivés…

Encore merci pour votre accueil, c'était très sympathique !
À bientôt ! Ghislaine

1. C'est dingue !

– 8 300 euros.
– Ah ! Et c'est quoi, comme voiture ?
– C'est dingue !
– Elle est comment ?
– Elle est vieille ?
– Elle est de 71.
– Je viens d'acheter une voiture.
– Ah bon ? Alors tu en as deux ?
– Oui, mais la première, c'est pour le travail… J'en ai acheté une autre pour le plaisir.
– Parce que c'est cher !
– Pourquoi ?
– Rouge, très belle…
– Tu l'as payée combien ?
– Une vieille américaine.

PETITES ANNONCES

■ **TROUVÉ**
bicyclette rouge, rue de Montmerle, à Mâcon (71), près de la gare.
Tél. 04 74 32 21 71

■ **VENDS**
Voiture de collection Cadillac Eldorado, 1971, couleur rouge, 8,2 l.
Prix intéressant.
Tél. 01 43 32 21 12

■ **ACHÈTE**
MEUBLES EN BOIS, TABLES, VIEUX JOUETS, PEINTURES, CARTES POSTALES
Tél. 04 75 87 65 71

■ **VENDS**
Voiture de collection Renault 4 CV, rouge, bon état, 1971
Px. 830 €.
Tél. 02 67 34 98 09

Reconstituez la conversation, puis trouvez à quelle annonce elle correspond.

2. Petite annonce

Écoutez la conversation, puis écrivez l'annonce :
Vends…

3. Qu'est-ce qui s'est passé ?

Regardez les notes du journaliste et jouez l'interview du commerçant.

H* entré dans magasin, demandé à voir un ordinateur portable.
V** présenté un ordinateur.
H demandé un avec plus grand écran.
V allé chercher autre ordinateur.
H pris portable pour sortir.
ordinateur tombé, H sorti, monté dans voiture devant magasin et parti très vite.
V appelé police.

*H = homme.
**V = vendeur (il travaille dans le magasin).

Continuez l'article du journaliste d'après ses notes (utilisez d'abord, ensuite, enfin).
Hier, vers 17 heures, il n'y avait personne dans le magasin d'informatique IMB, rue Colbert, quand un homme…
Le vendeur dit que l'homme était…

1. Interview d'une Gabonaise (Extrait, 2000)

Écoutez et répondez :
– Quel mot est-ce que Frédérique explique ?
– Qu'est-ce qu'on appelle comme ça, en Afrique francophone ?

2. Littérature (Extrait de *Les Choses* de Georges Perec, éd. J'ai lu, 1967.)

Lisez et répondez :
– Il y a combien de tables ? On parle de combien de matières ? de combien de couleurs ?
– Y a-t-il une bouteille dans ce décor ?

> De chaque côté de la table, se faisant presque face, il y aurait deux fauteuils de bois et de cuir, à hauts dossiers. Plus à gauche encore, le long du mur, une table étroite déborderait de livres. Un fauteuil-club de cuir vert bouteille mènerait à des classeurs métalliques gris, à des fichiers de bois clair. Une troisième table, plus petite encore, supporterait une lampe suédoise et une machine à écrire […]. Un trépied de bois peint, presque au centre de la pièce, porterait une mappemonde de maillechort et de carton bouilli naïvement illustrée, faussement ancienne. Derrière le bureau, à demi masqué par un rideau rouge, un escabeau de bois ciré.

3. Film (Extrait de *Le Photographe* de Jean-Michel Excler, 2000)

Écoutez et répondez :
– Qu'est-ce qu'on sait sur la voiture ?
N.B. Sombre = foncé.

4. Humour

Écoutez le message sur le répondeur.
Pourquoi est-il amusant ?

5. Histoire drôle

Le professeur : Mademoiselle, je regrette, mais vous avez zéro !

L'étudiante : Zéro ? Mais j'ai répondu la même chose que mon amie Sabine qui a 18.

Le professeur : Vous avez répondu presque la même chose : pour la question n° 9, votre réponse est un peu différente.

L'étudiante : Pour une question seulement, et j'ai zéro ?

Le professeur : Oui.

L'étudiante : Cette question est donc si importante ?

Le professeur : Non, mais c'est votre réponse qui est importante.

L'étudiante : Ma réponse ? Elle est différente de la réponse de Sabine ?

Le professeur : Oui et non…

L'étudiante : Je ne comprends pas…

Le professeur : C'est simple : à la question 9, Sabine a répondu « Je ne sais pas ».

L'étudiante : Et moi, qu'est-ce que j'ai répondu ?

Le professeur : Vous avez répondu « Moi non plus ».

Cette histoire fait rire les Français. Et vous ?

1. Qu'est-ce qu'ils peuvent dire?

Que diriez-vous à leur place?

2. De quoi est-ce qu'elles parlent?

Vous êtes près de deux personnes qui discutent. Vous entendez la conversation et vous essayez de comprendre de quoi elles parlent. Écoutez une seule fois.

Réponse: un(e)…

3. Quel est l'objet?

Un étudiant sort, le groupe choisit un objet, puis l'étudiant pose des questions pour trouver l'objet.

4. Où est-il? (Chaud ou froid)

Un étudiant sort, le groupe cache un objet, l'étudiant pose des questions pour le trouver.
(Ex.: Il est sur une table? à ma gauche? devant le professeur?…). Les étudiants doivent répondre comme les enfants français quand ils jouent à ce jeu: c'est chaud, très chaud, si l'étudiant est près de l'objet, c'est froid, très froid, si l'étudiant est loin de l'objet.

5. Objets trouvés

Choisissez un rôle (A travaille dans un hôtel; B1, B2, B3, B4, B5, B6, B7 = des clients) et regardez les fiches de jeux de rôles (A, p. 155; B, p. 158).

6. Comment ça s'est passé? Raconte!

Vous recevez ce message sur Internet. Répondez (seul ou à plusieurs).

Salut mon grand!!
Alors, comment s'est passé ton voyage? Qu'est-ce que tu as fait d'abord? Qu'est-ce que tu as préféré? Est-ce que tu as rencontré Gérald et Christina? Comment allaient-ils? Est-ce qu'ils t'ont présenté leur ville? Qu'est-ce que tu as acheté? Raconte-moi tout ça, s'il te plaît, j'ai très envie de savoir si tu es content et si tu as envie de retourner là-bas.
Bises.
Victoria

COMMENT VOUS AVEZ FAIT ?

OBJECTIFS : expliquer l'usage et le fonctionnement d'un objet.

BAGAGES

I. Ça sert à quoi, tout ça ?

a. Observez :

DEMANDER/DIRE À QUOI SERT UN OBJET	
– Ça sert à quoi ? / À quoi ça sert ?	– Ça sert à… / C'est pour… (+ infinitif) / Ça permet de… / On peut… (+ infinitif)
– Cet objet est utile ? / C'est utile, ce truc ?	– C'est utile. / C'est inutile (= ça ne sert à rien).
– Qu'est-ce qu'on peut faire avec ça ? / C'est pour quoi faire ?	– C'est très pratique pour… (+ infinitif) / C'est très pratique / utile quand…

b. Je n'en ai jamais vu un comme ça !
Lisez la conversation :
– Ça sert à quoi, cet objet/ce truc/ce machin ?
– Quoi, ça ? Ça sert à se lever tôt !
– À se lever tôt ?
– Eh oui, c'est un réveil !
– Un réveil ? Je n'en ai jamais vu un comme ça !

c. 💬 Jouez d'autres conversations :
se lever tôt/réveil ➜ téléphoner/portable – payer/carte bancaire – couper le fromage/couteau à fromage – prendre des photos/appareil photo – écrire/stylo – prendre les messages/répondeur – noter les rendez-vous/agenda…

2. Attention de ne pas oublier !

a. Observez :

IMPÉRATIF, INFINITIF ET NÉGATION : **NE/IMPÉRATIF/PAS, NE PAS/INFINITIF**
Prenez cette route ! **Ne** prenez **pas** cette route !
C'est possible de prendre cette route ? C'est possible de **ne pas** prendre cette route ?
Je préfère lui téléphoner. Je préfère **ne pas** lui téléphoner.

b. Vérifiez que vous comprenez en disant le contraire :
1. Oubliez cette histoire ! ➜ *N'oubliez pas cette histoire ! / Il vaut mieux ne pas l'oublier.* • 2. Écoutez son conseil ! •
3. Ne prenez pas le taxi ! • 4. Ne le répétez pas ! • 5. Essayez cette voiture ! • 6. Invitez les Durand !

c. N'oubliez pas ! Lisez la conversation :
– N'oubliez pas votre rendez-vous, cette fois !
– Mais non, pas de problème ! Je ne l'oublierai pas.
– Vous avez bien un agenda ?
– Oui, bien sûr, pourquoi ?
– Vous savez, pour ne pas oublier ses rendez-vous, un agenda, c'est pratique…

d. 💬 **Jouez d'autres conversations :**
oublier ses rendez-vous/agenda ➜ arriver en retard/montre – se lever trop tard/réveil – se tromper d'heure/agenda – se tromper de jour/calendrier – déranger le voisin/clés.

3. Comment je fais ?

a. Observez :

DEMANDER/EXPLIQUER COMMENT ON FAIT		
– Comment on fait/je fais pour + inf.	– C'est compliqué, il faut…	appuyer ici.
– Vous pouvez m'aider (à + inf.) ?	d'abord… ensuite…	mettre une carte/une pièce là…
– Comment faire pour + inf. ?	– C'est simple, il suffit de…	choisir avec la touche…
– Comment ça marche, cet appareil ?	– Il n'y a qu'à…	taper le code
– Comment on utilise cette machine ?	– Essayez de…	

b. 💬 **Regardez la photo et continuez la conversation :**
– Excusez-moi, vous pouvez m'aider, s'il vous plaît ? Je ne sais pas comment on fait pour acheter un ticket de bus.
– Vous voyez, il faut…

ZUT ! ILS ONT MIS UN NOUVEAU DISTRIBUTEUR ! C'EST BIEN SYMPA, MAIS COMMENT ÇA MARCHE ?

4. Avec ou sans ?

a. Observez :

AVEC MON/MA… ≠ SANS MON/MA… AVEC UN/UNE/DES… ≠ SANS…
– Tu travailles **avec un** ordinateur ? – Oui ! Tu peux travailler **sans** ordinateur, toi ?
– Il vient comment, en voiture ? – Bien sûr, il ne peut pas faire cent mètres **sans** voiture !
– Tu pars avec Benjamin ? – Oui, je ne veux pas rester longtemps **sans** lui !
– Je ne peux pas retirer d'argent **sans ma** carte !

b. Vérifiez que vous comprenez en continuant les phrases. *Exemple :* Je prends un réveil… *parce que moi, je ne peux pas dormir sans réveil. / parce que moi, je dors toujours avec un réveil.*
1. Je cherche un stylo… • 2. J'ai besoin de mon agenda… • 3. Il me faut un calendrier… • 4. Tu me donnes ta clé ?… • 5. N'oubliez pas votre portable… • 6. Je vais acheter une voiture… • 7. Je cherche ma carte bancaire…

5. Et en dansant, ça marche?

a. Observez :

EN + PARTICIPE PRÉSENT / SANS + INFINITIF
– On peut ouvrir avec une clé ou **en tapant** le code. – Ah ! On peut ouvrir **sans taper** le code ?
• Pour trouver le participe présent, c'est simple ! Il suffit de connaître le présent avec « nous ».
Exemple : prendre ➜ nous **pren**ons ; en **pren**ant.   **Attention !** Sauf **être** et **avoir** ➜ **en étant; en ayant.**

b. En appuyant où ? Lisez :
– Qu'est-ce que ça m'énerve ces modes d'emploi !
Comment on fait pour mettre en marche cet appareil ?
– En appuyant ici, tout simplement.

c. 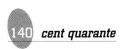 **Regardez le mode d'emploi de l'ordinateur et continuez la conversation, puis jouez d'autres conversations :**
mettre en marche / appuyer ici ➜ choisir un objet / utiliser la souris – apprendre une langue étrangère / parler beaucoup – etc.

COMMENT UTILISER VOTRE ORDINATEUR

a. Mettre en marche (et arrêter) en appuyant sur la touche (1) en bas à gauche de l'écran.

b. Utiliser la souris (2) pour choisir un objet sur l'écran. Quand vous avez choisi l'objet, cliquez sur la touche (3) de la souris (cliquer = appuyer une fois).

---

6. Il lui a raconté une curieuse histoire...

a. Observez :

LES PRONOMS PERSONNELS COMPLÉMENTS DIRECTS ET INDIRECTS
• Je ➜ **me/m'**, tu ➜ **te/t'**, nous ➜ **nous**, vous ➜ **vous**.
Il me cherchait et il ne m'a pas reconnu.
• Verbes sans à (le pronom est complément direct) : il ➜ **le/l'**, elle ➜ **la/l'**, ils/elles ➜ **les**.
Je la connais bien, je l'aime beaucoup.   *Il ne les entend pas.*
• Verbes avec à (le pronom est complément indirect) : il/elle ➜ **lui**, ils/elles ➜ **leur**.
Mes voisins, je leur parle souvent.   *Il lui téléphone tous les jours.*

b. Vérifiez que vous comprenez en complétant cette curieuse histoire avec un pronom :
Hier, j'ai rencontré une femme bizarre dans la rue. Je --- ai rencontrée devant un distributeur de billets de banque. Elle --- a demandé de --- aider et m'a parlé de bus. J'ai essayé de --- expliquer que ce n'était pas un distributeur de tickets de bus et j'ai voulu --- donner un ticket de bus, mais elle a refusé, et elle m'a montré le distributeur. Je --- ai répété la même chose : « Ce n'est pas un distributeur de tickets de bus ! », mais elle est partie sans --- remercier et sans --- dire au revoir. Curieux, non ?

c. 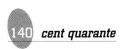 **Récrivez la même histoire mais c'est vous qui racontez :**
Hier, il a rencontré...

PARCOURS

1. Une curieuse rencontre

Jouez la conversation du Bagage 6.

2. C'est simple comme bonjour !

Reconstituez la conversation puis jouez-la.

– Ah oui. Il est beau, non ?
– Eh bien, cet ordinateur, là.
– Et pourquoi vous n'en avez pas ?
– Mais, au contraire : c'est simple comme bonjour.
Je vais vous expliquer comment ça marche.
– Moi, j'ai toujours eu envie d'en avoir un comme ça.
– Parce que c'est compliqué à utiliser, je trouve.
– Quoi donc ?
– Vous venez de l'acheter, n'est-ce pas ?

MAIS ÇA VA PAS ?... UN TRUC COMME ÇA, À UTILISER, PAS DE PROBLÈME !

3. Logo-rallye

Faites une phrase où entrent les mots suivants
(dans l'ordre ou le désordre).
a. appareil - permettre - prendre - photos - nuit
b. taper - code - payer - carte bancaire
c. pleuvoir - zut - parapluie - oublier

* Ça va pas ? = Mais non !

4. Je veux savoir comment ça marche, c'est tout !

Reconstituez chaque réplique de la conversation, puis jouez-la.

– / aider ? / Je / peux / vous
– / Oui, / appareil, / cet / comment / fait / je / là. / on / pour / s'il vous plaît, / savoir / utiliser / voudrais
– / est / là ? / voiture / Votre
– / ai / de / Je / Ma / n' / pas / Pourquoi ? / voiture ! / voiture ?
– / avez / de / et / le / n' / parking ? / pas / payer / voiture / voulez / Vous / vous
– / appareil, / c'est / cet / comment / Je / Mais / marche / non ! / tout ! / veux / savoir

5. Je déteste vraiment les nouveaux appareils !

Écrivez la suite de la lettre d'après les notes :

hier, besoin argent
banque fermée
nouveau distributeur dans la rue
carte dans appareil
« code ? »
tapé mon code
« erreur ! code ? »
3ᵉ fois, l'appareil s'est arrêté
plus de carte !
toujours pas d'argent !

*Avant, j'aimais bien essayer un nouvel appareil, mais depuis hier, je déteste !
Hier, j'avais besoin de retirer de l'argent, mais la banque…
Heureusement, …*

1. Interview d'une Clermontoise (Extrait, 2000)

📼 Écoutez et répondez :
– Comment on fait pour mettre l'ordinateur en marche ?
– Julie utilise un ordinateur ?
– Comment fait-on pour trouver l'université de Julie sur Internet ?
N.B. Sélectionner = choisir.

2. Interview d'une Gabonaise (Extrait, 2000)

📼 Écoutez et répondez :
– Comment fait Frédérique quand elle veut utiliser une machine qu'elle ne connaît pas ?

3. Catalogue (Extrait d'un catalogue de vente par correspondance.)

Pratique et élégant pour le voyage :

RÉVEIL DE VOYAGE ULTRA-PLAT
Réveil pliable, très compact, écran L.C.D. 2 couleurs : orange ou vert (hauteur des chiffres : 21 mm).
Programmation très simple de l'heure de réveil. La fonction calendrier permet aussi de programmer la date et le jour.
Existe en blanc, noir, gris métal. Dimensions : 8 × 7 × 1,5 cm.
Garantie : 1 an. Réf. blanc 89 763, noir 89 764, gris 89 765.
Prix : 215 F.

Répondez :

	VRAI	FAUX
On peut changer la couleur de l'écran.	❑	❑
Le réveil est proposé en 4 couleurs.	❑	❑
Le réveil fait aussi calendrier.	❑	❑

4. Film (Extrait de *Pourquoi maintenant ?* de Gérard Lamothe, 2000.)

📼 Notez les trois questions qui servent à demander d'expliquer le métier de psychologue.

5. Littérature (Extrait de *La Première Gorgée de bière* de Philippe Delerm, éd. Gallimard, 1997.)

Un couteau dans la poche

Mais un couteau pour quoi ? [...] – Mais si, ça peut servir à plein de choses, en promenade, en pique-nique, même pour bricoler quand on n'a pas d'outils... Ça ne servira pas, on le sent bien. Le plaisir n'est pas là. Plaisir absolu d'égoïsme : une belle chose inutile de bois chaud [...]. Un objet tout à fait à soi [...] que l'on sort de temps en temps pour le toucher, le regarder, pour la satisfaction [...] de l'ouvrir et de le refermer.

Choisissez le couteau qui correspond au texte.

1. Qu'est-ce qu'ils peuvent dire ?

Que diriez-vous à leur place ?

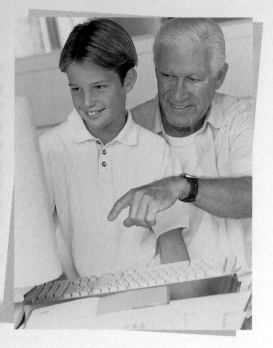

2. Répondeur

🔊 **Vous venez de changer d'adresse. Vous téléphonez et vous entendez ce message. Qu'est-ce que vous faites ?**

3. De quoi est-ce qu'ils parlent ?

🔊 **Écoutez la conversation et dites de quoi ils parlent (un/une...).**

4. Jeu-concours

Ce jeu se joue à deux équipes A et B. Un membre de chaque équipe doit essayer de faire deviner aux autres de son équipe le plus possible de mots en deux minutes (voir listes dans les fiches de jeux de rôles : A, p. 156 ; B, p. 158). L'équipe ne pose pas de questions, elle propose seulement des mots. Chaque mot trouvé donne un point à l'équipe. Si l'équipe ne trouve pas un mot, et si l'autre équipe le trouve, elle gagne deux points.

5. Téléachat

Par groupes, vous choisissez un objet et vous le présentez à la télévision.
Les autres groupes disent s'ils ont envie d'acheter ou non l'objet, et ils expliquent pourquoi.

6. Avant je détestais/j'aimais... , maintenant c'est le contraire !

a. Choisissez une des phrases et complétez-la (avec un verbe et un complément) :
– Avant, je détestais ---, mais depuis hier, j'adore.
– Avant, j'adorais ---, mais depuis hier, je déteste !

b. 💬 **Échangez les phrases avec votre voisin(e), puis racontez l'histoire qui explique pourquoi vous avez changé.**

OBJECTIFS : parler de sa vie, expliquer ses choix, se plaindre, se réjouir, raconter au passé (2).

BAGAGES

1. Eh ! C'est moi qui suis le premier !

a. Observez :

POUR INSISTER : **C'EST ... QUI/QUE**	
Insister sur le sujet	**Insister sur le complément**
C'est encore moi qui fais le travail !	C'est cet appareil que j'ai choisi.
C'est/ce sont eux qui ont fait ça ?	C'est à Lyon que j'ai fait mes études.
Ce n'est pas vous qui avez dit ça ?	C'est avec elle qu'il a rendez-vous.

b. Vérifiez que vous comprenez en complétant avec un auxiliaire ou avec le verbe entre parenthèses :
1. C'est nous qui vous --- invités, donc c'est nous qui --- (payer). • 2. Je ne peux pas le croire, c'est vous qui --- (dire) ça ? •
3. Qui est-ce qui --- bu mon verre de vin ? • 4. Ce sont toujours les mêmes qui --- (faire) tout le travail !

c. 📼 🗨 **Écoutez la conversation, puis jouez-en d'autres :**
arriver la première ➜ il a fait ce travail hier – elle a téléphoné à 2 heures – il a mis l'ordinateur en marche à 10 heures
– elle a répondu non...

2. Ça fait longtemps que vous êtes ici ?

a. Observez :

DEPUIS... / IL Y A ...	
– Vous vivez à Nice depuis quand/combien de temps ?	– Vous êtes arrivée à Nice quand/il y a combien de temps ?
– Je vis à Nice depuis 1999/depuis deux ans.	– Je suis arrivée en 1999/il y a deux ans.
(elle vit encore à Nice)	*(on ne sait pas si elle est encore à Nice)*
1999 2000 2001	1999 2000 2001

Attention ! Il y a/**Ça fait** 3 ans **que** je travaille. = Je travaille **depuis** 3 ans.

b. Vérifiez que vous comprenez en complétant avec depuis ou il y a :

1. Je suis au Québec --- dix ans déjà ! Je suis arrivé --- trois ans et je suis reparti --- juste six mois : je suis donc resté deux ans et demi. • 2. J'apprends le français --- six mois, mais je le parlais un peu avant : j'ai passé des vacances en Suisse --- deux ans. • 3. J'ai choisi de vivre ici --- longtemps. J'ai décidé de partir --- trois mois, mais je suis encore là, et --- quelques jours je pense finalement que je vais rester !

MOI, *LÀ, ÇA VA FAIRE BIENTÔT VINGT-CINQ ANS QUE *JE BOSSE COMME UN *DINGUE !

*là = maintenant.
*je bosse comme un *dingue = je travaille comme un fou.

3. Quand je suis arrivé, il n'y avait personne.

a. Observez:

IMPARFAIT/PASSÉ COMPOSÉ (1)	
Situation du passé	Événement du passé
Quand j'**étais** petit, il y **avait** un jardin ici	et puis on **a construit** un immeuble.
Avant, d'habitude, il **faisait** de la bicyclette,	mais il **a eu** un accident.
Je **faisais** mes courses,	quand j'**ai rencontré** la voisine qui m'a parlé de...

b. Qu'est-ce qui lui est arrivé ? **Lisez:**

– Qu'est-ce qui t'est arrivé ?
– Je ne sais pas, je dormais et puis j'ai entendu quelque chose.
– Ah bon ? Tu dormais ?

c.  **Jouez d'autres conversations:**

• t' ➜ lui - leur - vous • dormir/entendre quelque chose ➜ parler avec nous / partir comme ça – être optimiste / devenir pessimiste – déjeuner tous les jours ici / changer de restaurant – aimer la marche / arrêter de marcher – trouver ce travail facile / ne pas pouvoir le faire.

4. J'ai parlé avec elle : elle n'était pas contente ! Elle est partie.

a. Observez:

IMPARFAIT/Passé composé (2)	
Action du passé	Description
Je **suis allé** à la campagne le week-end dernier,	il **faisait** beau, tout **était** calme.
J'**ai parlé** avec quelqu'un	qui **était assis** devant sa maison. C'**était** une vieille personne très sympathique.

b. Notes de voyage. **Vous avez fait un voyage à Strasbourg. D'après vos notes de voyage, racontez votre journée du mardi 23.**

Mardi 23. arrivée à Strasbourg.
✓ matin : visite du vieux Strasbourg (agréable : rues sans voitures – pas trop chaud – soleil).
✓ midi : déjeuner dans un restaurant de la vieille ville (un peu cher mais très bon).
après-midi : musée des Beaux-Arts (intéressant) et marché aux livres (trouvé vieux livre de Jules Verne, pas cher). Cathédrale.
✓ soir : concert de musique folklorique alsacienne (amusant).

5. Oh non ! C'est trop !

a. Observez :

POUR SE PLAINDRE/SE RÉJOUIR	
Oh non ! *C'est pas marrant !	Super ! C'est formidable !
*J'en ai marre !	Je suis très content(e)/enchanté(e) !
C'est triste quand même !	Ça fait du bien de + *infinitif*
Je n'en peux plus !	Ça fait plaisir !
Ils exagèrent !	La vie est belle !
Beaucoup d'expressions comme « Oh non ! », « C'est trop ! » servent à se plaindre ou à se réjouir. Ça dépend de l'intonation.	

ALORS LÀ, *Y EN A VRAIMENT MARRE ! ILS ONT MIS LEUR VOITURE DEVANT MA PORTE ! C'EST QUAND MÊME TERRIBLE, NON ?

b. 🔊 Écoutez et dites si les gens se plaignent ou se réjouissent.

Ils se plaignent : n° ---
Ils se réjouissent : n° ---

6. Bon, *ben, c'est décidé !

a. Observez :

POUR EXPLIQUER UN CHOIX, UNE DÉCISION
• Pourquoi vous avez choisi de vivre à la campagne ?
Pourquoi avoir choisi la campagne ?
– Ce n'est pas moi qui ai choisi ! C'est à cause de mon mari. Il voulait un jardin.
– Moi, j'ai décidé de vivre à la campagne à cause de la pollution en ville.
– Parce que la vie y est plus calme… et puis j'aime la nature.
– Entre une petite maison en ville et une grande à la campagne, j'ai pris ma décision : j'ai finalement choisi la campagne et je n'ai pas de regrets / je ne regrette pas.

b. C'est décidé ? Lisez la conversation :

– Qu'est-ce que vous avez décidé ?
– Eh bien, j'avais le choix entre deux possibilités…
– Vous dites que vous aviez le choix : ça veut dire que votre décision est prise, n'est-ce pas ?
– Absolument.
– …

c. 💬 Continuez cette conversation et faites-en d'autres avec… :

voyage en Irlande ou aux Antilles – concert de rock ou théâtre – ordinateur portable ou non – apprendre le chinois ou le japonais – etc.

POURQUOI CHOISIR ? FAITES COMME MOI ! J'AI UN APPARTEMENT EN VILLE ET UNE MAISON À LA CAMPAGNE !

EUH… C'EST UNE BONNE IDÉE, MAIS…

FRAPAR.

1. La maison blanche

🗨 **Mettez la conversation dans le bon ordre puis jouez-la.**

– J'ai oublié, oui… une maison blanche, tu dis ?
– Mais si, c'était une petite maison blanche, tu as oublié ?
– Oui, c'étaient deux petits vieux qui y habitaient, ils avaient un chien blanc.
– Oui, justement ! Même les vieux étaient blancs… enfin ils avaient les cheveux blancs.
Et puis un jour, j'ai vu la maison fermée, et maintenant il n'y a plus de maison.
– Tout était blanc alors ?
– Oui, mais il y a un magasin. Tiens ! regarde : « La maison blanche » ? C'est marrant, non ?
– Tu te rappelles, quand on était petits, ici, il y avait une petite maison.
– Une petite maison ? Non, je ne me rappelle pas.

2. Je voudrais vous poser quelques questions

✍ 🗨 **Imaginez les questions de cet entretien puis jouez-le.**

– Je peux vous poser quelques questions sur votre CV ?
– Oui, bien sûr.
– … ?
– Depuis deux ans : j'ai commencé en 1999, en septembre 99 exactement.
– … ?
– C'est à la fin de mes études : c'était pour mieux parler anglais… donc c'était il y a 7 ans.
– … ?
– Je suis revenu à cause de ma famille.
– … ?
– Pas de regrets, non. J'ai trouvé un travail intéressant.
– … ?
– Je voudrais changer parce que j'aime changer.

3. Avant, après…

✍ **Racontez trois petites histoires avec les éléments suivants :**

Avant…	Ce qui est arrivé…	Maintenant…
plus de cheveux	utiliser « Splitch »	avoir de beaux cheveux
ne pas aimer rester à la maison	acheter une maison à la campagne	ne plus aimer sortir
beaucoup aimer la peinture	se marier avec un peintre	préférer l'informatique

4. Psychanalyse : un rêve

▱ ✍ **Écoutez la conversation chez le psychanalyste, puis imaginez que la personne raconte son rêve dans une lettre :**

Hier, j'ai fait un rêve bizarre…

1. Littérature (Extrait de *Jacques le Fataliste* de Denis Diderot », 1775.)

Jouez au présent, comme un dialogue, ces premières lignes du roman de Diderot (1713-1784).

Comment s'étaient-ils rencontrés ? Par hasard, comme tout le monde. Comment s'appelaient-ils ? Que vous importe ? D'où venaient-ils ? Du lieu le plus prochain. Où allaient-ils ? Est-ce qu'on sait où on va ? Que disaient-ils ? Le maître ne disait rien ; et Jacques disait que son capitaine disait que tout ce qui nous arrive de bien et de mal ici-bas était écrit là-haut.

Que vous importe = Vous n'avez pas besoin de le savoir. • Ici-bas = sur cette terre/dans notre monde. • Là-haut = dans le ciel.

2. Interview d'une Gabonaise (Extrait, 2000)

Écoutez et répondez :
– À cause de qui cette étudiante a-t-elle arrêté ses études de droit ?
– Qu'est-ce qu'elle fait comme études, maintenant (après avoir « fait » Lettres modernes) ?
– Elle a des regrets de ne pas avoir continué ses études de droit ?
– La vie est facile □ assez difficile □ difficile □ au Gabon ?
– Les Gabonais se plaignent beaucoup ?
– Les Français se plaignent plus ou moins que les Gabonais ?

3. Le bonheur vu par les Français (Revue de presse, 2000)

Un Français heureux, d'après *Le Point*, c'est un fonctionnaire (55 % des personnes interrogées), qui est marié ou qui vit en couple (73 %) et qui vit à la campagne (47 %). Comme 80 % des Français vivent en ville, on pourrait penser qu'il y en a beaucoup de malheureux ! Pas du tout ! À 86 %, d'après le magazine *Elle*, les Français ne se plaignent pas de leur vie.

En fait, ce sont les grandes villes qu'ils n'aiment pas, mais les villes moyennes sont bien considérées. À plus de 200 000 habitants, ça ne va plus : 5 % seulement des Français sont contents d'y vivre, mais 10 % des jeunes. Comment se détendre quand les immeubles empêchent de voir le soleil se lever et se coucher ? Pour 76 % des Français, en écoutant de la musique, pour 75 % en exerçant des responsabilités dans son travail (mais oui !), pour 62 % en partant en vacances en été et pour 55 % en pratiquant régulièrement un sport. Bizarrement, ce ne sont pas les jeunes qui choisissent le plus la musique, mais les 25-50 ans.

Sempé

D'après l'article, faites le portrait du Français heureux.

1. C'était hier !

a. ✍ Écrivez les légendes de ces photos pour un article de magazine.

C'ÉTAIT HIER :
IL Y A
QUARANTE ANS !

b. ✍ Continuez le début de l'article du magazine
(parlez des ordinateurs, des téléphones portables, d'Internet, des avions…).
La vie a bien changé en quarante ans…

2. De quoi est-ce qu'elles parlent ?

🔊 **Vous êtes près de deux personnes qui parlent. Vous entendez la conversation et vous essayez de deviner de quoi elles parlent. Écoutez une seule fois.**
Réponse : un(e) …

3. Le jeu de l'histoire (jeu à deux équipes)

L'équipe « Passé composé » commence une histoire. Par exemple : « Un homme est entré dans un magasin. »
L'équipe « Imparfait » continue : « Il n'y avait personne dans ce magasin. »
Passé composé : « L'homme a appelé le vendeur », etc.
L'équipe qui gagne est celle qui finit l'histoire (l'autre ne peut plus continuer) ou l'équipe qui gagne est celle qui arrive à reconstituer de mémoire toute l'histoire imaginée par les deux équipes…

4. Jeu de rôles : double interrogatoire

L'inspecteur de police interroge l'homme et la femme, mais pas ensemble. Avant l'interrogatoire, les étudiants qui jouent leurs rôles se préparent (où ils étaient, qu'est-ce qu'ils faisaient…) mais ils ne doivent rien noter…
Pendant que l'inspecteur interroge l'un, l'autre sort.

Choisissez un rôle (A, l'inspecteur, ou B, l'homme ou la femme) et regardez les fiches de jeux de rôles (A, p. 156 ; B, p. 158) avant de jouer.

VOL À L'HÔTEL LUGDUNUM HIER SOIR

Un couple (un homme et une femme de trente ans) interrogés par la police

Hier soir, il y avait grande fête à l'hôtel Lugdunum. Mme Van Klaff était là avec ses magnifiques bijoux. Malheureusement, un peu avant la fin de la fête, elle était fatiguée et elle est allée se reposer dans une chambre du premier étage. Quand elle s'est réveillée, les bijoux n'étaient plus là…

ÉVALUATION DE GRAMMAIRE ET VOCABULAIRE

Test 1. Complétez le tableau.

	ESSAYER	OUVRIR	SE SERVIR	METTRE
je (présent)	j'essaie			
tu (futur simple)		tu ouvriras		
elle (passé composé)			elle s'est servie	
nous (imparfait)				nous mettions
vous (futur proche)	vous allez essayer			
ils (passé récent)		ils viennent d'ouvrir		

• *Des problèmes ? Revoyez les conjugaisons dans le mémento grammatical.*

Test 2. Qu'est-ce que c'est ?

a. On peut l'ouvrir, le fermer et le porter, et on y met beaucoup de choses. ◆ **b.** On le lit avant d'utiliser un nouvel appareil. ◆ **c.** Une publicité disait: « Si vous ne buvez pas de lait, mangez-en ! ». ◆ **d.** Une grande maison en ville, avec plusieurs appartements. ◆ **e.** On l'utilise pour se lever à l'heure. ◆ **f.** On l'utilise pour couper.

• *Des problèmes ? Revoyez le vocabulaire des unités 18 à 22.*

Test 3. Complétez ce récit avec les verbes entre parenthèses.

Hier, il --- *(être)* dix heures du soir, nous --- *(être)* à la maison et nous --- *(regarder)* la télévision quand le téléphone --- *(sonner)*. C'est mon mari qui --- *(répondre)*. Il --- *(parler)* quelques minutes puis il --- *(partir)* sans rien me dire. Je/J' --- *(être)* très surprise. Il --- *(revenir)* une heure plus tard. Il --- *(avoir)* l'air fatigué et énervé, et il --- *(aller)* se coucher. Il ne m'a même pas regardée ! Je/J' --- *(être)* encore plus surprise. Ce matin, il --- *(être)* à son travail et je ne ---

--- *(savoir)* toujours pas qui --- *(téléphoner)* et pourquoi il --- *(sorti)* hier soir. Curieux, non ?

• *Des problèmes ? Revoyez les unités 20 et 21.*

Test 4. Quel est le contraire ?

mettre en marche ◆ utile ◆ au-dessus ◆ bien ◆ se plaindre ◆ facile ◆ compliqué ◆ en bas ◆ avoir oublié ◆ ville ◆ léger ◆ trop ◆ environ ◆ vieux (pour un objet) ◆ optimiste.

• *Des problèmes ? Revoyez le vocabulaire des unités 18 à 22.*

Test 5. Transformez les réponses.

a. – Comment vous avez pu ouvrir ? – J'ai tapé le code.
➜ – *En tapant le code.* ◆ **b.** Comment vous avez pu payer ? – J'ai retiré de l'argent la banque. ◆ **c.** Comment il a su ? – Il lui a téléphoné. ◆ **d.** Comment faites-vous pour ne pas oublier ? – Je note tout sur mon agenda. ◆ **e.** Comment je le mets en marche ? – Appuyez sur cette touche. ◆ **f.** Comment on peut l'acheter ? – Il faut écrire ou passer par Internet. ◆ **g.** Mais comment il a eu son accident ? – Il a traversé la rue sans regarder.

• *Des problèmes ? Revoyez l'unité 21.*

ÉVALUATION COMMUNICATIVE

Vous êtes témoin d'un accident. Racontez-le : hier après-midi, j'étais à un carrefour…
(N.B. image 4 : la voiture *renverse* la femme.)

• *Des problèmes pour raconter au passé ? Revoyez les unités 20 et 22.*

Opération Obélisque (épisode 4)

Bruxelles / Brussel

PASSEPORT, S'IL VOUS PLAÎT.

DOUANE

HALTE! VEUILLEZ ME SUIVRE, MONSIEUR, POUR UN CONTRÔLE.

QU'EST-CE QUE C'EST QUE CETTE HISTOIRE? VOUS VOULEZ CONTRÔLER QUOI?

L'IMPORTANT, CHER AMI, N'EST PAS DE PARTICIPER MAIS DE GAGNER, N'EST-CE PAS?

JE NE CONNAIS PAS CE MONSIEUR ET JE PROTESTE! VOUS NE POUVEZ PAS ME GARDER ICI!

PAS DE SCANDALE, ÇA NE SERVIRA À RIEN. VOTRE MISSION EST TERMINÉE. VOUS AVEZ PERDU ET MOI, J'AI GAGNÉ. J'AI BEAUCOUP VOYAGÉ AVEC VOUS ET JE SUIS FATIGUÉ. VOUS AUSSI JE PENSE. EH BIEN, MAINTENANT, NOUS RENTRONS ENSEMBLE À PARIS ...

MAIS COMMENT VOUS L'AVEZ SU? EXPLIQUEZ-MOI!

Opération Obélisque (épisode 4, suite)

1. Qu'est-ce que X07 peut dire encore aux gendarmes pour protester ?
2. Dans le TGV, que peut répondre Agénor à X07 ?
3. Et à votre avis, qui est Mme Bendor ?

CHIFFRES ROMAINS OU CHIFFRES ARABES ?

Quelquefois, on est stupide, et on regrette d'avoir trop parlé… Ça ne m'arrive pas trop souvent, mais ça m'est arrivé hier soir, et je suis encore très en colère. Vraiment, j'ai été très stupide !

J'étais chez des amis, c'était un dîner très agréable, on parlait beaucoup. Il y avait plein de gens très intéressants, et les conversations n'étaient vraiment pas ennuyeuses. On buvait un peu, peut-être trop pour moi ?

« Vraiment, les gens sont surprenants ! Ils ne se rappellent rien !… Cinq personnes ont été témoins de cet accident, et elles n'étaient pas d'accord pour décrire la voiture qui est partie très rapidement juste après l'accident. L'une disait qu'elle était verte, l'autre disait qu'elle était bleue, l'autre noire !… Les gens ne savent pas regarder ! »

C'était moi qui parlais, et, bien sûr, je pensais que moi, je savais regarder. J'étais très sûr de moi, trop sûr de moi ! Une jeune femme, de l'autre côté de la table, a demandé :

« Parce que vous, vous savez regarder ? »

C'est drôle, mais d'habitude dans ces dîners tout le monde parle en même temps ; mais là, je ne sais pas pourquoi, tout le monde s'est arrêté de parler, et nous a écoutés.

« Parce que vous, vous pensez que vous savez regarder ? » a répété la jeune femme en me regardant droit dans les yeux.

J'étais un peu surpris, mais encore sûr de moi, et j'ai répondu :

« Bien sûr ! Il faut être aveugle pour ne pas savoir si une voiture qu'on vient de voir est verte ou bleue !

– Vous pensez que vous, vous pouvez vous rappeler quelque chose comme la couleur ou la forme d'un objet ?

– Mais bien sûr, voyons ! On a interrogé ces personnes moins d'une heure après l'accident !

– Quel est l'objet que vous regardez le plus souvent ? a demandé la jeune femme qui me regardait toujours. Tout le monde nous écoutait, plus personne ne parlait…

– Mais je ne sais pas…

– Pensez-vous que votre montre est un objet que vous regardez souvent ?

– Oui, je pense…

– Ne la regardez pas, s'il vous plaît ! Je peux vous poser une question ?

– Mais bien sûr…

– Votre montre a des chiffres arabes ou romains ? »

J'ai réfléchi : arabes ou romains ? Quelle question ! Voyons… J'ai hésité un moment et j'ai répondu : « Euh… arabes.

– Vous êtes sûr ?

– Euh… oui, enfin… il me semble…

– On peut voir votre montre ? »

J'ai regardé ma montre : les chiffres étaient romains !

FICHES DE RÔLES A

Unité 1, aventure 3, p. 13, rôle A. Choisissez une identité :

Homme	Femme
Claude François, canadien Gérard Lemoine, suisse Luc Serre, belge	Valérie Grange, belge Jacqueline Lefranc, suisse Lucie Bernard, française

Jouez une rencontre avec B puis notez :
B s'appelle…, il/elle est… *(nationalité).*

Unité 2, aventure 3, p. 19, rôle A
Vous travaillez à l'accueil du congrès. Voici la liste des participants.
(Attention, elle est incomplète et il y a des erreurs !)

Liste des participants			
Tania	RAMIREZ	colombienne	d'Osaka
?	MORITA	japonaise	?
?	HERRICK	canadienne	de Vancouver
Diliana	KOSAVETA	bulgare	de Sofia
Khaled	?	syrien	de Damas
?	MACHARIA	kenyane	de Nairobi
?	MAGNASCO	italienne	de Turin
Tatiana	OLLINGER	?	?
Juan Pablo	?	colombien	d'Ottawa
Thierry	?	?	de Lausanne

Unité 3, aventure 4, p. 25, rôle A
Vous êtes français. Vous n'aimez pas lire le journal. Vous aimez le théâtre et le cinéma. Vous aimez beaucoup le cinéma italien. Vous n'aimez pas beaucoup le sport à la télévision. Vous détestez la publicité à la télévision. Vous n'écoutez pas la radio.
Est-ce que B : – aime le sport ? – écoute la radio ? – va au cinéma ? – regarde la télévision ?

Unité 4, aventure 2, p. 31, rôle A : le journaliste
Le journaliste à la radio demande à l'artiste : – son nom et son prénom – sa nationalité – d'où il vient – ce qu'il aime faire – ce qu'il déteste – s'il préfère le jazz ou la samba.

Unité 4, aventure 4, p. 31, rôle A : questionnaire de l'enquêteur
Questionnaire d'enquête sur les loisirs
Nationalité : …

	OUI	NON	PAS DE RÉPONSE
Aime le cinéma ?	❏	❏	❏
Va au restaurant ?	❏	❏	❏
Écoute la radio ?	❏	❏	❏
Aime le sport à la télévision ?	❏	❏	❏
Préfère le cinéma ou la télévision ?	❏	❏	❏
Préfère le théâtre ou l'opéra ?	❏	❏	❏

Unité 5, aventure 4, p. 37, rôles A
A1. Vous êtes monsieur Marc Fort. Vous travaillez dans un bureau. Dans votre bureau, il y a aussi monsieur Bernard Faure. Le téléphone sonne.
A2. Vous êtes madame Christine Imbert. Vous travaillez dans un bureau. Dans votre bureau, il y a aussi madame Ariane Himbert. Le téléphone sonne.

Unité 6, aventure 2, p. 43, rôles A
A1. Vous êtes monsieur Lefranc et vous êtes seul. Votre numéro de téléphone est le 04 56 21 12 16. Le téléphone sonne, vous répondez…
A2. Vous êtes Marjorie Lemoine, vous êtes chez vous. Vous avez deux collègues de travail :
– Catherine Legrand, n° de tél. : 01 45 76 87 52 ;
– Agnès Berthaud, n° de tél. 01 43 23 78 90.
Votre téléphone sonne.

Première escale, évaluation communicative 2, p. 44, rôle A
Vous êtes à un congrès. Vous vous appelez Pascal Rouhaud, vous êtes français. Vous habitez à Montpellier. Vous rencontrez monsieur Xavier Perez, espagnol, de Madrid. Après la conversation, écrivez : – le nom de l'amie de Xavier Perez – où elle habite – où habite Xavier Perez.

Unité 8, aventure 3, p. 57, rôle A

Vous êtes madame Laure Desgranges. Vous voyagez avec monsieur Desgranges. Vous êtes femme au foyer et vous avez une fille au pair. Vous êtes suisse et vous habitez au 373 rue de la Loi-Cortenberg-Roodebek à Bruxelles. Votre numéro de téléphone est le 32 1 349 512 (32 est l'indicatif de la Belgique et 1 l'indicatif de Bruxelles).

Unité 9, aventure 2, p. 63, rôle A

Pseudonyme : A.D.

André Duclos est canadien. Il habite à Montréal. Il a 21 ans, il est étudiant en économie. Il parle français, bien sûr, mais aussi anglais et espagnol. Il aime l'informatique, la musique classique et le jazz. Il n'aime pas du tout regarder les sports à la télévision, mais il fait du sport : du judo et du ski.

Unité 9, aventure 3, p. 63, rôle A

a. *Chez des amis français*

A : Vous êtes chez des amis français. Vous êtes seul avec leur jeune fils. Vous lui posez des questions : son âge, ce qu'il aime faire, ce qu'il aime à l'école, s'il aime les sports, quels sports, s'il apprend une langue étrangère. Vous commencez la conversation : Ça va ?... Tu as quel âge exactement ?

b. *Dans l'avion*

A : Hector Grandjean ; 42 ans ; ingénieur chimiste ; habite à Paris ; voyage pour son travail, mais n'aime pas voyager ; ne connaît pas Madrid.

Début de la conversation :

Annonce : « Nous survolons actuellement les Pyrénées... »
B : Excusez-moi, monsieur, je ne comprends pas...
A : Vous ne comprenez pas ? Ah ! vous êtes étrangère ? espagnole ?

Unité 10, aventure 4, p. 69, rôle A

Agenda de A :

lundi	
mardi	restaurant avec le directeur
mercredi	à Bordeaux toute la journée
jeudi	à Grenoble toute la journée
vendredi	

Dimanche soir. A appelle B, le salue, et demande : « On peut manger ensemble, cette semaine ? »

Unité 12, aventure 4, p. 81, rôle A

A veut partir deux semaines. Son programme pour l'été :
– travail jusqu'au 06/07
– 18/07 – 22/07 : à Avoriaz
– 6/08 : travail

Deuxième escale, évaluation communicative, p. 82, rôle A

A téléphone à B pour lui proposer de partir en vacances avec lui. Son programme pour l'été :

vacances : 1/07 – 21/07 et 15/08 – 31/08, veut partir deux semaines.

Unité 13, aventure 3, p. 91, rôle A

Vous êtes Fabrice Darlin. Vous téléphonez à une amie, Delphine Viot. Vous lui proposez de venir avec vous au cinéma voir un vieux film (regardez le programme du cinéma p. 91).

Vous connaissez bien Delphine Viot. Vous la tutoyez et vous l'aimez beaucoup, vraiment beaucoup.

Unité 14, aventure 5, p. 97, rôle A

Vous êtes Juliette, étudiante, 22 ans. Vous téléphonez à un ami, Sylvain (vous le tutoyez). Vous lui proposez de vous retrouver au festival de Saint-Martin (voir programme p. 97). Vous aimez les films et les concerts, pas les conférences. Vous n'êtes pas libre le samedi soir.

Unité 15, aventure 3, p. 103, rôle A

Vous êtes français. Vous êtes journaliste amateur. Vous faites un reportage sur la ville et la région de B pour le journal des étudiants de votre université (Nantes ou Montpellier, ou...). Présentez-vous, puis posez de nombreuses questions. Vous voulez expliquer aux étudiants de votre université française ce qu'ils peuvent faire et voir s'ils vont faire des études là (chez B).

Unité 16, aventure 2, p. 109, rôle A

Vous êtes Michel. Vous téléphonez à Aline, qui habite à Paris et que vous voulez connaître mieux. Vous l'invitez à une fête chez vous, à Melun, ce soir. Vous lui expliquez la route à prendre (vous ne pouvez pas aller la chercher).

Troisième escale, évaluation communicative, p. 116, rôle A

Vous téléphonez à B (un ami qui habite Paris) pour l'inviter à manger dans un restaurant de Nemours. (voir carte p. 106). Vous lui expliquez la route à prendre pour aller à Nemours et vous lui donnez l'adresse du restaurant : 75 rue du Plessis.

Unité 18, aventure 4, p. 125, rôle A

Vous entrez dans un restaurant. Vous avez très faim, et vous avez très envie de goûter une spécialité régionale (vous êtes un touriste).

Unité 20, aventure 5, p. 137, rôle A
Vous travaillez à la réception de l'hôtel de France.
Voici des objets trouvés dans les chambres après le
départ des clients :

Unité 21, aventure 4, p. 143, rôle A.
Liste des mots à faire deviner :

bonsoir, avion, journal, diplôme, football, château,
samedi, touriste, café, programme.

Unité 22, aventure 4, p. 149, rôle A
Vous êtes l'inspecteur de police.
Vous interrogez l'homme et la femme l'un après
l'autre ; faites attention, ils ne diront peut-être pas la
même chose : c'est important pour votre enquête !
Le vol a eu lieu vers 23 h 50.
Vous leur demandez :
– pourquoi ils étaient là,
– ce qu'ils faisaient,
– s'ils sont montés au 1er étage,
– s'ils ont vu quelqu'un vers 23 h 50,
– comment il était,
– à quelle heure ils sont partis,
– s'ils sont partis ensemble.

FICHES DE RÔLES B

Unité 1, aventure 3, p. 13, rôle B. **Choisissez une identité :**

Homme	Femme
Stéphane Eicher, suisse	Corinne Audouin, belge
Antoine Prost, français	Marie Petitjean, canadienne
Pierre Leblanc, canadien	Céline Fischer, suisse

Jouez une rencontre avec A puis notez :
A s'appelle..., il/elle est... (nationalité).

Unité 2, aventure 3, p. 19, rôles B
Choisissez une identité dans cette liste de participants à un congrès :

Tania RAMIREZ, colombienne, de Bogota	Anna MAGNASCO, italienne, de Turin
Natsuko MORITA, japonaise, d'Osaka	Gilles PERRAULT, canadien, de Montréal
Igor KRAVTSOV, russe (homme), de Saint-Pétersbourg	Juan Pablo SEGURA, colombien, de Bogota
Maggie HERRICK, canadienne, de Vancouver	Tatiana OLLINGER, canadienne, d'Ottawa
Diliana KOSAVETA, bulgare (femme), de Sofia	Selen MUTLU, turque, d'Ankara
Khaled SOLTAN, syrien, de Damas	Jean-Marc VANCUYCK, belge, de Gand
Joséphine MACHARIA, kenyane, de Nairobi	Antoine JACCARD, suisse (homme), de Lausanne
Atsushi KURODA, japonais, de Tokyo	

Unité 3, aventure 4, p. 25, rôle B
Vous êtes belge. Vous écoutez beaucoup la radio.
Vous détestez la télévision. Vous lisez beaucoup le
journal. Vous détestez le sport !
Est-ce que A : – aime le cinéma ? le cinéma américain ? –
regarde la télévision ? – écoute la radio ?
Vous commencez la conversation : – Vous voulez lire
le journal ?

Unité 4, aventure 2, p. 31, rôle B : l'artiste
Il s'appelle Dominique Dartois, il est français et il
vient de Lille. Il est musicien : il aime la musique classique, la samba, il n'aime pas beaucoup le jazz. Il
déteste jouer aux cartes et regarder la télévision. Il
aime beaucoup aller au théâtre et à l'opéra.

Unité 4, aventure 4, p. 31, rôles B : les personnes
interrogées
B1. un Allemand : cinéma : ++/théâtre : – –/sport à la
télévision : +/télévision : +/opéra : –

B2. une Française : cinéma : – –/théâtre : – –/sport à la
télévision : – – –/télévision : –/opéra : +++

B3. une Anglaise : cinéma : +/théâtre : ++/sport à la
télévision : +/télévision : +/opéra : –

Unité 5, aventure 4, p. 37, rôles B

B1. Vous téléphonez dans un bureau pour parler à monsieur Faure.

B2. Vous téléphonez dans un bureau pour parler à madame Himbert.

Unité 6, aventure 2, p. 43, rôles B

B1. Vous téléphonez au numéro 04 56 21 12 13 pour parler à monsieur Grandjean.

B2. Vous êtes dans une cabine téléphonique, vous voulez téléphoner à une collègue, Agnès Berthaud, mais vous n'avez pas son numéro de téléphone. Vous téléphonez à une autre collègue : Marjorie Lemoine, pour demander le numéro de téléphone d'Agnès Berthaud.

Première escale, évaluation communicative 2, p. 44, rôle B

Vous êtes à un congrès. Vous vous appelez Xavier Perez, vous êtes espagnol, de Madrid, mais vous habitez maintenant en France, à Prats-de-Mollo-la-Preste. Vous connaissez Victoria Rodriguez, espagnole (elle habite à Madrid). Vous connaissez aussi Pascal Rouhaud, un Français, mais vous ne savez pas où il habite maintenant. Vous commencez la conversation : vous saluez Pascal Rouhaud. Vous présentez Victoria Rodriguez à Pascal Rouhaud. Après la conversation, écrivez : – où habite Pascal Rouhaud.

Unité 8, aventure 3, p. 57, rôle B

Vous êtes monsieur Thomas Desgranges. Vous voyagez avec madame Desgranges. Vous êtes fonctionnaire européen. Vous êtes français et vous habitez au 373 rue de la Loi-Cortenberg-Roodebek à Bruxelles. Votre numéro de téléphone est le 32 1 349 512 (32 est l'indicatif de la Belgique et 1 l'indicatif de Bruxelles). Votre numéro de téléphone professionnel est le 32 1 333 300.

Unité 9, aventure 2, p. 63, rôle B

Pseudonyme : F.F.

Anne Badinier est française, elle habite à Annecy, elle a 26 ans. Elle a un enfant : une fille d'un an et demi qui s'appelle Emma. Sa profession : femme au foyer (son pseudonyme est F.F. = femme au foyer), mais elle n'aime pas ça. Elle voudrait travailler dans la publicité. Elle aime la musique classique, le cinéma. Elle n'aime pas regarder la télévision.

Unité 9, aventure 3, p. 63, rôle B

a. *Chez des amis français*

B : Vous êtes Éric (treize ans et demi), et un ami de vos parents vous pose des questions.

Vous aimez le sport : football, tennis. À l'école, vous apprenez l'anglais, et vous aimez ça, mais vous n'aimez pas beaucoup les mathématiques. Vous aimez beaucoup lire des BD.

Vous vouvoyez (dites vous à) A.

b. *Dans l'avion*

B : Bettina Moyrer ; 23 ans ; étudiante en informatique à Francfort ; parle un peu français ; aime beaucoup les voyages ; connaît bien Madrid (son ami habite Madrid).

Début de la conversation :

Annonce : « Nous survolons actuellement les Pyrénées… »

B : Excusez-moi, monsieur, je ne comprends pas…

A : Vous ne comprenez pas ? Ah ! vous êtes étrangère ? espagnole ?

B : …

Unité 10, aventure 4, p. 69, rôle B

Agenda de B (le soir, B veut manger avec sa famille)

lundi	voyage à Madrid
mardi	
mercredi	réunion à Paris
jeudi	à Grenoble toute la journée
vendredi	

A vous téléphone. Vous répondez à sa question : « Oui, mais quand ? »

Unité 12, aventure 4, p. 81, rôle B

B veut partir dix jours. Son programme pour l'été : vacances : 1/07 – 29/07 (23/07 – 28 ou 29/07 : chez Edgar et Sophie).

Deuxième escale, évaluation communicative, p. 82, rôle B

A téléphone à B. Voici le programme de B pour l'été : vacances : 14/07 – 31/08, mais chez ses parents du 1/08 au 8/08, veut partir deux semaines.

Unité 13, aventure 3, page 91, rôle B

Vous êtes Delphine Viot. Un ami, Fabrice Darlin, vous téléphone.

Vous connaissez bien Fabrice Darlin, vous le tutoyez, mais vous ne l'aimez pas beaucoup : il est gentil, mais il est un peu ennuyeux… Vous refusez son invitation.

Unité 14, aventure 5, p. 97, rôle B

Vous êtes Sylvain, étudiant, 21 ans. Vous recevez un appel de Juliette, une amie (vous la tutoyez), à propos du festival de Saint-Martin (voir programme p. 97). Vous aimez les concerts et les conférences, pas les films. Vous n'êtes pas libre le vendredi après-midi.

Unité 15, aventure 3, p. 103, rôle B

Vous n'aimez pas votre ville (ennuyeuse, des usines, etc.) et vous avez l'intention d'aller faire des études en France… Vous posez donc de nombreuses questions au journaliste français sur son université.

Unité 16, aventure 2, p. 109, rôle B
Vous êtes Aline. Vous habitez à Paris. Michel, un étudiant que vous ne connaissez pas très bien, vous téléphone. Il vous invite. Discutez (il est sympa), mais à la fin, refusez car vous ne voulez pas faire la route en voiture le soir.

Troisième escale, évaluation communicative, p. 116, rôle B
Vous habitez Paris et B (un ami qui n'habite pas Paris) vous téléphone pour… Vous acceptez mais vous ne connaissez pas la route pour Nemours.

Unité 18, aventure 4, p. 125, rôle B
Vous travaillez dans le restaurant. Un touriste arrive. Vous avez envie de discuter. Il ne reste rien à manger parce qu'il est trop tard : le restaurant ferme à 14 h, et il est déjà 13 h 45. Mais vous avez envie de discuter et vous n'expliquez pas cela tout de suite au touriste. Parlez du menu et des spécialités de la région (si le touriste est intéressé), demandez ce qu'il/elle a visité et donnez des conseils, etc. À la fin, peut-être et s'il/elle a vraiment soif, vous pouvez donner un Coca-Cola au touriste, et un peu de pizza, mais seulement s'il insiste…

Unité 20, aventure 5, p. 137, rôle B
Vous avez dormi à l'hôtel de France et vous avez oublié cet objet. Vous téléphonez à l'hôtel.

Unité 21, aventure 4, p. 143, rôle B.
Liste de mots à faire trouver :
études, étranger, calendrier, confiture, coordonnées, bateau, magasin, février, restaurant, table.

Unité 22, aventure 4, p. 149, rôle B
(deux personnes qui jouent le rôle d'un couple)
La femme travaille à l'hôtel. D'habitude elle finit son travail à la réception à 23 h 30, mais ce jour-là, elle a attendu son mari qui était en retard. Il vient toujours la chercher en voiture quand elle finit tard le soir parce qu'elle n'aime pas être seule dans la rue le soir. L'homme est arrivé vers minuit moins le quart (on ne sait pas exactement), personne n'a regardé l'heure, et juste quand il est arrivé, un homme est sorti de l'hôtel : grand, blond, lunettes noires, avec un grand sac noir. Il marchait vite et il a dit bonsoir en sortant, il avait un accent étranger.

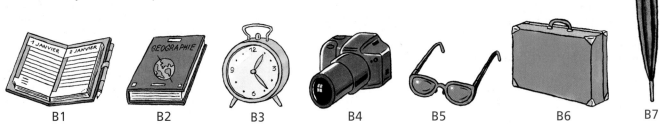

B1   B2   B3   B4   B5   B6   B7

FICHES DE RÔLES C

Première escale, évaluation communicative 2, p. 44, rôle C
Vous êtes à un congrès. Vous vous appelez Victoria Rodriguez, vous êtes espagnole, de Madrid. Vous habitez à Madrid. Vous connaissez Monsieur Xavier Perez. Monsieur Perez vous présente un Français, mais vous parlez seulement un peu français, vous ne comprenez pas bien, vous demandez de répéter.
Après la conversation, écrivez : – le nom du Français – où il habite.

Unité 8, aventure 3, p. 57, rôle C
Vous êtes réceptionniste à l'hôtel du Théâtre. Deux clients arrivent (un homme, une femme), vous leur demandez et vous entrez dans l'ordinateur les renseignements suivants : – nom et prénom – nationalité – adresse – numéro de téléphone – profession – numéro de téléphone professionnel. Le numéro de leur chambre est le 498. ATTENTION ! VOUS ENTENDEZ MAL.

TRANSCRIPTION DES ENREGISTREMENTS

UNITÉ 0

Activité 5, p. 7
Ici RFO, Radio France Outre-mer, bonjour ! À vous la Martinique…
– Bonjour, ici Meddy qui vous parle de Pointe-à-Pitre.
– Ah bonjour, la Guadeloupe ! À vous maintenant la Martinique…
– Merci, Paris, ici Joseph qui vous parle de Fort-de-France.
– Bonjour, Paris, ici Hyacinthe qui vous parle de Cayenne.
– Merci, Cayenne. J'appelle maintenant le Pacifique. La Nouvelle-Calédonie, c'est à vous !
– Bonjour, Paris, ici Nestor à Nouméa.
– Merci, Nestor. J'appelle Tahiti. Tahiti, c'est à vous.
– Ici la Polynésie. C'est Noémie qui vous parle de Papeete. Bonjour, tout le monde !
– Allô, ici Saint-Denis, Saint-Denis de la Réunion. Bonjour à vous tous !
– Ici Paris. La famille est maintenant au complet. Bonjour, tout le monde !

Activité 6, p. 7
« Paris, Strasbourg, Tours, Bourges, Marseille, Lille, Bastia. »

Activité 7, p. 7
[ã] comme dans France, langue, différent, encore, champignon, temps.
[ɛ̃] comme dans simple, bienvenue, alsacien, matin, maintenant, plein, aucun.
[ɔ̃] comme dans monde, nom.
[y] comme dans sud, bienvenue, menu.

Activité 8 p. 7
Écoutez – Bonjour – Au revoir – Merci – Vous comprenez ? – Regardez – Répétez – Répondez – Écrivez – Jouez à deux – Je ne comprends pas – Encore une fois – S'il vous plaît.

UNITÉ 1

Bagage 4b, p. 9
a. Elle ? Elle est étrangère, je crois.
b. Belge, peut-être.
c. Euh… attendez… canadien ? Oui, c'est ça, canadien !
d. C'est une nana, j'crois.

Bagage 5b, p. 10
(conversation à 3 voix)
– Dites, Villeneuve, il est de quelle nationalité ?
– Euh, je ne sais pas… attendez… canadien, peut-être ?
– Je ne sais pas, désolé(e).
– Et Alesi, il est canadien ?
– Non !

Parcours 2, p. 11
– Bonjour, vous êtes Thierry Fournel ?
– Non, je suis Luc Jannin.

– Ah ! Enchantée ! Moi, c'est Muriel Bernardi.
– Pardon ?
– Je m'appelle Muriel Bernardi.
– Très heureux.

Parcours 3, p. 11
– Céline Dion, elle est belge ?
– Euh, attendez, je ne sais pas.
– Ah non ! Elle est canadienne.
– Ah ? Elle est canadienne ?
– Oui.

Parcours 4, p. 11
– Bonsoir, je suis Julie Talienne.
– Pardon ?
– Je suis Julie Talienne.
– Ah, vous êtes italienne ?
– Non, je m'appelle Talienne. Julie Talienne.
– Ah ! Enchanté ! Moi, je suis Dan Noah.

Sortie 1, p. 12
a. Bonjour, vous êtes chez Sabrina et Renaud. Nous ne sommes pas là pour le moment. Laissez-nous un message !
b. Bonsoir, ici François Truffaut, pouvez-vous me rappeler ? Merci !
c. Allô ! C'est Sandrine, ça va ? Bon, ben je vous rappelle.

Sortie 2, p. 12
a. Voilà, j'vous présente mon amie, elle est italienne, elle est étudiante… euh… à l'université de Bologne, je crois.
b. C'est un étudiant, je le connais pas beaucoup mais je sais qu'il s'appelle… attendez… zut ! j'ai oublié *(rires)* mais je sais qu'il est anglais *(rires)*.
c. T'as vu celle-là ? Tu la connais ? Elle habite ici, tu crois ? C'est une étrangère !
d. Non, ma voiture n'est pas française… c'est une marque allemande.
e. La nationalité de Schuhmacher ? Non, je n'sais pas, attendez… il est autrichien peut-être ?

Aventure 2, p. 13
– Bonjour ! Vous êtes chez Emmanuelle, François et Camille Dumas. Nous ne sommes pas là pour le moment. Si vous nous laissez un message, nous vous rappelons dès notre retour.

UNITÉ 2

Bagage 3b, p. 15
– Allô, Nathalie ? Dites, Ugo Scari, il est de quelle nationalité ?
– Euh !… je ne sais pas… italien, je crois, attendez…
– Excusez-moi, monsieur, vous êtes de quelle nationalité ?
– Je suis italien.
– Merci. Allô ? Il est italien.
– Merci.

Bagage 4b, p. 16
– Bonjour, monsieur ! Comment allez-vous ?

– Ah, tiens ! madame Germain ! Vous allez bien ?
– Ça va, ça va et vous ?
– Bien, merci !

Parcours 3, p. 17
– Allô ? Monsieur Pouliot ?
– …
– Je suis madame Legendre.
– …
– Madame Legendre.
– …
– Bien, et vous ?

Sortie 1, p. 18
– Monsieur Dessème ?
– Oui, c'est moi-même.
– Bonjour, François Chauvin. Je suis votre nouveau stagiaire.
– Je n'ai pas demandé de stagiaire, moi !
– Mais c'est le rédac chef, monsieur Pagès, qui m'a dit de venir ici.

Sortie 2, p. 18
a. Votre attention, s'il vous plaît. Le vol AF 453 en provenance de Lisbonne est annoncé avec un retard de 15 minutes.
b. Monsieur Grange, je répète monsieur Grange, en provenance de Lyon, est attendu au bureau d'accueil.
c. Le TGV en provenance de Milan est annoncé au quai n° 2.
d. Les passagers arrivant d'Athènes sont priés de se présenter à la porte I pour la réception des bagages.

Aventure 1, p. 19
(message enregistré sur répondeur)
– Allô ! Bonjour, c'est Nathalie. Une question : quelle est la nationalité de votre amie Lydia ? Vous pouvez me rappeler ? Merci.

UNITÉ 3

Parcours 3, p. 23
– Vous aimez le cinéma ?
– Oui, beaucoup.
– Le cinéma français ? italien ?
– J'adore le cinéma italien. Dites, vous, vous êtes de quelle nationalité ?
– Je suis italien.
– Italien ? J'adore les Italiens !

Sortie 1, p. 24
Interviewer : Bon, je vais vous demander de vous présenter, de me dire ce que vous faites, d'où vous êtes, où vous habitez…
Frédérique : Alors, j'm'appelle Frédérique M'Ba, euh j'suis étudiante à Lyon 2 et euh je viens du Gabon et là j'habite euh à Lyon.
I. : Alors quels sont vos goûts, vos loisirs ?
F. : mmmm… Alors mes goûts mes loisirs euh… J'aime bien lire j'aime bien euh j'aime beaucoup l'cinéma et

puis euh j'aime bien enfin j'aime aussi beaucoup aller en boîte de nuit. J'aime bien danser voilà c'est tout hein j'crois… lire : j'vais à la bibliothèque euh cinéma cinéma c'est plutôt avec des amis j'aime pas aller seule au cinéma c'est avec des amis et puis boîtes de nuit… discothèques, quoi !

Sortie 2, p. 24
– Alors pour vous, les Français n'aiment pas le cinéma ?
– *(léger accent américain)* Si, ils aiment le cinéma, je crois. Le cinéma… enfin… ils aiment le cinéma français *(rires)*. En tout cas ils n'aiment pas beaucoup le cinéma américain, non, je crois… mais les Américains n'aiment pas beaucoup le cinéma français non plus… c'est… c'est, peut-être c'est spécial le cinéma français pour les Américains, hein ?

Aventure 2, p. 25
Bonjour, ici le Théâtre de la comédie italienne, 17 rue de la Gaîté. Notre programme…

Aventure 3, p. 25
– Oh, moi, je la regarde… je la regarde… j'sais pas moi ! une fois par semaine !
– Vous regardez quoi ?
– Les films ! les films surtout, et les informations.

UNITÉ 4

Parcours 2b, p. 29
– Bonjour, madame… Excusez-moi, qu'est-ce qui vous intéresse ?
– Pardon ?
– C'est pour la radio, une enquête. Qu'est-ce qui vous intéresse ?
– Vous faites une enquête ?
– Oui. Pour la radio, oui. Qu'est-ce que vous aimez faire ?
– Ah ! Quelle radio ?
– Radio Lyon, madame.
– Ah ! C'est amusant, ça !
– Euh oui…, alors madame, qu'est-ce qui vous intéresse ?
– Euh… je ne sais pas.
– Vous allez à l'Opéra de Lyon ?
– Non, moi je ne suis pas de Lyon, je suis étrangère.
– Ah bon ! Excusez-moi. Merci, madame.

Sortie 1, p. 30
(Pierre) – Vous mangez là, ce soir ?
(Jacques) – Non, ce soir, je vais au cinoche avec… ah zut ! j'sais plus son nom !
(Michel) – Ton Indienne, là ?
(Jacques) – Mais non, elle est finlandaise… Zut ! Comment elle s'appelle ? Pfff ! Elles ont de ces noms ! Mathilde ? Mag ? Non ! Magdelaine ? Ah, j'sais plus ! Enfin, Ma quelque chose, quoi !
(Michel) – Marie ?

Sortie 3, p. 30
– Robert Orsini, vous êtes un homme de spectacle, de grand spectacle, je dirais, vous êtes, je crois, un homme à la fois de cinéma et de théâtre…
– Oui, c'est vrai. J'aime montrer… j'aime le cinéma et le théâtre parce qu'ils montrent. Je suis là pour raconter des choses qu'on ne sait pas…

Aventure 3, p. 31
a. – Non, je comprends seulement un peu, et vous ?
– Moi, oui. J'aime beaucoup apprendre les langues.
b. – Oui, très bien !
– Alors, je ne vous présente pas.
– Bonjour ! Vous allez bien ?
– Bonjour… !

UNITÉ 5

Bagage 3b, p. 32
1. – Je viens de Bouaké.
– Pardon ? Vous pouvez épeler ?
– Oui, B, O, U, A, K, E accent aigu.
2. – Chicoutimi comment ?
– Chicoutimi-Jonquière, j'épelle : C, H, I, C, O, U, T, I, M, I, trait d'union, J, O, N, Q, U, I, E accent grave, R, E.
3. Moi, je viens de La Rochelle, ça s'écrit L majuscule A, plus loin, R majuscule, O, C, H, E, deux L, E.
4. Montluçon ? M, O, N, T, L, U, C cédille, O, N.
5. – Moi je viens de Neufchâteau, une fois.
– Pardon ?
– Neufchâteau, N, E, U, F, C, H, A accent circonflexe, T, E, A, U.

Bagage 4b, p. 33
(nombres de 0 à 60)
vingt-huit - **1.** seize - **2.** trente - **3.** treize - **4.** quarante-six - **5.** cinquante-cinq - **6.** quinze.

Parcours 1, p. 35
a. Cantal - **b.** Namur - **c.** Tramelan - **d.** Dijon

Parcours 3b, p. 35
– Alors, monsieur, votre nom, c'est… ?
– Je m'appelle Jules Raistod.
– Raistod, ça s'écrit comme le restau ?
– Comment ça, comme le Raistod ?
– Oui, comme restaurant ?
– *(vite)* Ah non ! Pas du tout ! C'est Raistod, R, A, I, S, T, O, D, et mon prénom, c'est Jules, comme Jules César !
– Euh… César ?… Excusez-moi, je ne comprends pas.
– Vous ne comprenez pas ? Vous êtes étranger ?
– Mais monsieur, vous n'êtes pas amusant !… Je ne… Bon, bon. Monsieur, quel est votre nom de famille ?
– Raistod, R, A, I, S, T, O, D.
– Merci, monsieur, et quel est votre prénom ?
– Jules, J, U, L, E, S.
– Ah, vous vous appelez Jules Raistod ?
– Oui, c'est ça !

Parcours 4, p. 35
a. Euh… ils sont brésiliens, je crois.
b. Désolé, il n'est pas là.
c. Oui, bien sûr, il y a un accent circonflexe.
d. Ça fait douze !

Sortie 1, p. 36
Et maintenant les résultats du Loto : pour gagner, il fallait jouer le 5, le 15, le 17, le 32, le 35 et le 66, numéro complémentaire le 13.

Sortie 2, p. 36
a. Le numéro de votre correspondant a changé. Veuillez composer le 04 32 46 50 16.
b. Bonjour, vous êtes aux établissements Gardy. Nos bureaux sont fermés. Pour le service après-vente, composez le 01 45 24 55 55.
c. Ici le 02 35 43 12 15. Je ne suis pas là pour le moment. Laissez-moi un message.
d. Vous êtes bien au 02 54 17 34 14. Vous pouvez me laisser un message ?
e. Bonjour, nous sommes absents mais vous pouvez nous laisser un message, nous vous rappellerons. Pour un fax, faites le 04 22 11 06 19.
f. Non, je ne suis pas là ! Mais j'ai un portable. Le numéro ? Voilà : 06 11 04 06 37. À bientôt !

Sortie 3, p. 36
– Vous vous appelez comment ?
– Je m'appelle Séverine Piszczek.
– Séverine… Pichek, comment ça s'écrit ?
– PISZCZEK.
– PISCZ…
– Non, PISZCZEK.
– Ce n'est pas un nom qui est typiquement français…
– Non, mon nom n'est pas très français. Je suis d'origine polonaise.
– Ah, votre famille est d'origine polonaise *(Oui)*. Et est-ce que c'est un nom typiquement polonais ?
– On m'a dit que c'était typiquement polonais, mais je suis allée une fois en Pologne, et je n'ai jamais rencontré d'autres Piszczek.

Aventure 3, p. 37
a. – … de Jean-François, vous ? Moi, je ne le connais pas.
– Oui, bien sûr, attendez, c'est le…
b. – … comment ?
– Je ne sais… peut-être avec…

UNITÉ 6

Bagage 2c, p. 39
– Vous habitez où, vous ?
– Je suis de Québec mais j'habite maintenant à Genève.
– Ah ! Vous venez de Québec ?
– Euh… non, je viens de Bruxelles.
– Attendez… je ne comprends pas, vous venez de Québec, de Bruxelles ou de Genève ?
– Je suis de Québec, j'habite à Genève mais maintenant je viens de Bruxelles.

– Ouh ! C'est compliqué ! Alors maintenant, vous allez à Genève ?
– Non, j'habite à Genève mais maintenant je vais à Paris.
– Pfff ! Vous voyagez beaucoup !
– Oui, malheureusement…

Bagage 3b, p. 39
1. soixante-quinze – 2. quatre-vingt-huit – 3. quatre-vingt-seize – 4. quarante-huit – 5. quatre-vingt-six – 6. quatre-vingt-quatorze.

Bagage 4c, p. 40
– Votre nom de famille, s'il vous plaît ?
– Martin.
– Et votre prénom ?
– Rémy.
– Rémy Martin ? Comme le cognac ? C'est amusant, ça !
– Oui, je m'appelle malheureusement comme le cognac, et ce n'est pas amusant du tout ! Et je n'aime pas le cognac !
– Ça, c'est ennuyeux ! Excusez-moi… Votre adresse, c'est ?
– Mon adresse ? J'habite 18 bis rue Thiers, à Paris.
– Et vous avez le téléphone ?
– Oui, mon numéro, c'est le 01 43 12 78 52.
– Merci.

Parcours 3, p. 41
– C'est votre rue ?
– C'est ma rue, oui, j'habite ici.
– Quel numéro ?
– Numéro 16, là.
– Alors, vous habitez 16, rue de Sèze ?
– Oui, c'est amusant, non ? J'ai une adresse amusante… et pas compliquée.

Sortie 1, p. 42
a. Le propriétaire du véhicule immatriculé 45 74 AG 69 est invité à se rendre au parking. Je répète : 45 74 AG 69. Merci.
b. Le propriétaire de la Renault 82 07 VIZ 01 est demandé à son véhicule.
c. Message urgent : le propriétaire de la voiture Fiat Punto 65 34 NSF 75 est prié de rejoindre son véhicule. Je répète : message urgent : le propriétaire de la voiture Fiat Punto 65 34 NSF 75 est prié de rejoindre son véhicule.
d. Le propriétaire de la voiture 96 37 HIK 78 est prié de déplacer son véhicule.

Sortie 2, p. 42
– Euh… vous pouvez dire comment vous vous appelez ?
– Je m'appelle Julie Dance.
– Julie Dance ?
– Oui.
– Dance, ça s'écrit comme la danse ?
– Non, D, A, N, C, E.
– Dance, oui, et vous habitez où ?
– J'habite en Auvergne, en France, au milieu de… euh ça se situe au milieu de la France.
– Quelle est la grande ville euh…
– La grande ville, c'est Clermont-Ferrand.

– Ah oui ! Vous habitez à Clermont ! J'ai toujours un problème avec l'orthographe : c'est avec un T ou un D ?
– (rire) Vous n'êtes pas le seul. Avec un T et un D !
– Hein ?
– Oui, C, L, E, R, M, O, N, T, trait d'union F, E, deux R, A, N, D. Clermont avec T et Ferrand avec D.
– Ah oui, c'est vrai !

Sortie 3, p. 42
La pendule sonne 2-1.
M. Martin : Depuis que je suis arrivé à Londres, j'habite rue Bromfield, chère madame.
Mme Martin : Comme c'est curieux, comme c'est bizarre ! Moi aussi, depuis mon arrivée à Londres, j'habite rue Bromfield, cher monsieur.
M. Martin : Comme c'est curieux, mais alors, mais alors, nous nous sommes peut-être rencontrés rue Bromfield, chère madame.
Mme Martin : Comme c'est curieux, comme c'est bizarre ! C'est bien possible, après tout ! Mais je ne m'en souviens pas, cher monsieur.
M. Martin : Je demeure au n° 19, chère madame.
Mme Martin : Comme c'est curieux, moi aussi, j'habite au n° 19, cher monsieur.

Aventure 1, p. 43
Le numéro de votre correspondant a changé. Veuillez composer le 02 25 31 56 79.

UNITÉ 7

Bagage 3b, p. 47
– Vous êtes dans quelle branche, déjà ?
– La chimie.
– Ah oui, c'est vrai, la chimie ! Chez Rhône-Poulenc ?
– Oui, à l'usine de Toulouse.
– Et votre travail est intéressant ?
– Oui, non… enfin oui, mais je voyage beaucoup.
– À l'étranger ?
– Oui, en Allemagne, en Autriche, aux États-Unis.
– Et vous n'aimez pas voyager ?
– Si, mais c'est fatigant. Et vous, vous travaillez dans quelle branche ?

Bagage 4c, p. 48
Miami, Milan, Francfort, Rome, Prague, Varsovie, Mexico, Vienne, Athènes, Cologne, Valence. Je répète : Miami, Milan, Francfort, Rome, Prague, Varsovie, Mexico, Vienne, Athènes, Cologne, Valence.

Parcours 1, p. 49
a. – Ça va le boulot ?
– Mon boulot ? Non, c'est dur. C'est très fatigant.
b. – Vous, vous détestez les fonctionnaires, je crois !

– Mais non, mais non ! Au contraire, j'aime beaucoup les fonctionnaires !
c. – Vous connaissez le Québec ?
– Non, pas encore, mais je veux aller à Montréal.
d. – Oslo, c'est où, déjà ?
– C'est en Norvège.

Parcours 2, p. 49
– Bonjour, je suis journaliste et je…
– Journaliste ? Dans quel journal ?
– Euh… c'est un journal professionnel.
– Ah oui ? Dans quelle branche ?
– Dans l'informatique. Mon journal s'appelle *Info'PC*.
– Ah ! Et vous voulez… ?
– Je voudrais visiter votre usine.
– Visiter l'usine ? Mais…
– Euh… Et je voudrais parler à monsieur Davoine.
– Ah ! Vous connaissez monsieur Davoine ?
– Oui.
– Alors un moment, s'il vous plaît.

Parcours 3, p. 49
– Et le travail, ça va ?
– Oui, ça va très très bien.
– Vous travaillez dans quelle branche ?
– Le cinéma.
– Ah ! C'est intéressant ?
– Très intéressant ! Très ! J'aime passionnément le cinéma et j'adore mon travail.
– Vous êtes actrice ?
– Non.
– Qu'est-ce que vous faites, alors ?
– Euh… enfin, je travaille dans un cinéma, pas dans le cinéma.

Sortie 1, p. 50
Ex. Une information en provenance de Belgique : la Commission européenne a décidé…
a. La bonne nouvelle vient d'Allemagne : en football, l'équipe française a réussi…
b. Que se passe-t-il là-bas ? En direct du Brésil, notre envoyé spécial Jérôme Poincarré. Jérôme ?
c. Un message d'agence en provenance des États-Unis : selon ce message, la réussite exceptionnelle du…
d. L'information est arrivée hier du Maroc : le roi…

Sortie 2, p. 50
– Ça va, toi, à Paris, là-bas ?
– Ça va.
– Et le boulot ?
– Ça va.
– C'est quoi, au juste ?
– Hm… psychologue.
– Psychologue ? Ah ben, dis donc ! Ah ! C'est quoi, exactement ?
– C'est l'étude de la personnalité.

Aventure 1, p. 51
– Allô ! Ici la secrétaire de votre avocat, maître Danzin. Il a besoin de savoir quelle est la profession de votre femme. S'il vous plaît, pouvez-vous me rappeler au 01 49 89 83 61.

UNITÉ 8

Bagage 1b, p. 52

1. mille cinq cent quinze – 2. quinze cent quinze – 3. dix-sept cent quatre-vingt-neuf – 4. trois cent dix-sept mille trois cent huit – 5. neuf cent quatre-vingt-dix-neuf mille neuf cent quatre-vingt-dix-neuf – 6. cinq cent cinq mille cinq cent cinquante-cinq.

Parcours 2, p. 55

– Bonjour ! C'est pour visiter la banque !
– Pardon ?
– Je voudrais visiter la banque !
– Visiter la banque ? Mais on ne peut pas visiter la banque comme ça, monsieur !
– Ah bon ? On ne peut pas ? Mais c'est intéressant, non ?
– Si, bien sûr, c'est intéressant, mais vous devez… euh…
– Je dois quoi ?
– Vous devez écrire ou téléphoner…
– Écrire ou téléphoner à qui ?
– Mais je ne sais pas, monsieur ! Au revoir, monsieur !

Sortie 1, p. 56

France Telecom communique… Le numéro de votre correspondant a changé, veuillez désormais composer le 01 40 79 80 96, ou le 01 40 79 80 16, ou, après 19 heures, le 0 800 80 81 96.

Sortie 2, p. 56

a. Venez vite voir le nouveau modèle à 9 120 €. 9 120 €, avec airbag et direction assistée ! Qui dit mieux ?
b. Pierre & Vacances vous propose des studios à partir de 53 500 €. Incroyable, non ?
c. – Combien ?
– 920 ! Eh ! Où tu vas ?
– Mais à ce prix-là, je cours en acheter, moi, et pas seulement un ! 920 € ! Non, mais ils sont fous !

Aventure 1, p. 57

– Bonjour ! Je suis pour le moment au Portugal. Pour me joindre, faites le 00 351 1 779 67 76, je répète, le 00 351 1 779 67 76.

UNITÉ 9

Bagage 1c, p. 58

– Tu as un portable, maintenant ?
– Oui, tu veux noter le numéro ? C'est le 06 43 72 83 52.
– Oh ! Tu peux répéter lentement, s'il te plaît ?
– Oui, c'est le 06… 43… 72… 83… 52.
– 06 43 72 83 52. C'est bon, merci. Salut !

Bagage 6b, p. 61

– Tu fais quoi, toi ?
– Moi, je suis étudiant
– En quoi ?
– Pardon ?
– Tu étudies quelle matière ?
– L'économie, l'anglais, l'italien et l'espagnol.
– Tu es sérieux ?

– Oui, pourquoi ?
– Tu étudies vraiment tout ça ?
– Mais oui !

Sortie 1, p. 62

a. – Ça va ?
– Ça va et toi ?
– Bof, pas trop, non.
b. – Est-ce que je peux vous offrir quelque chose à boire ? Quelque chose de chaud ?
– J'préférerais quelque chose de frais.
– Voulez-vous une bonne bière ? Ça fait du bien, la bière parfois.
– Vous croyez ?
– Bien sûr !
c. (voix de femme + enfant)
– Et toi, comment tu t'appelles ?
– Benoît, madame.
– Benoît, c'est ton prénom ?
– Oui, madame.
– Et ton nom, c'est…
– Thurel, madame.
d. – J'ai rendez-vous avec un ami, là.
– Et il n'est pas là ?
– Non, et… j'ai un peu peur. Tu peux rester un moment ?
– Ah non alors, non, ma vieille ! Ciao !

Sortie 2, p. 62

– Bonjour, Marco.
– Bonjour.
– Marco, c'est ton prénom ?
– Oui.
– Quel est ton nom ?
– Lederlin.
– Tu as quel âge, Marco ?
– 12 ans.
– Tu es élève à…
– L'école française, à Oslo.
– Mm. Tu es un élève sérieux ?
– Pas, pas trop, pas tellement.
– En quelle classe es-tu ?
– En 5e 1.
– Combien êtes-vous dans votre classe ?
– On est 17 élèves.
– Quelle est ta matière préférée ?
– Euh, ma matière préférée, c'est la gym, la gymnastique. Euh, c'est le plus marrant, je trouve… euh, c'est la seule matière où on doit pas écrire et écouter tout le temps.
– Tu aimes une autre matière ?
– Euh, j'aime bien le dessin… Là, on fait pas grand-chose, on dessine ce qu'on veut, le prof est assez sympa
– Est-ce que tu aimes le français ?
– Non, ça c'est… j'aime pas, j'aime pas notre prof parce qu'elle nous donne pas l'envie de travailler…
– Je ne te demande pas son nom !
– Non, non.

Sortie 3, p. 62

– (lui) Vous avez quel âge ?
– (elle) J'ai quinze ans.
– Bon, vous les faites pas.
– Et vous, vous avez quel âge ?

– Ben, disons que, d'ici une demi-heure, j'en aurai seize.
– Vous savez, vous les faites pas non plus.

UNITÉ 10

Bagage 1c, p. 64

– Il est quelle heure ?
– Euh… Attends… Onze heures moins le quart.
– Onze heures moins le quart ? Tu es sûr ?
– Mais oui, regarde toi-même !
– Où ? Ah ! Dix heures quarante-cinq… Ah oui !

Bagage 2b, p. 64

a. – Bonjour ! Bien dormi ? Thé ou café ?
– Café, s'il te plaît. (bruit de tasses et de liquide qu'on verse) (bâillement) Merci…
b. (sortir) (voix d'homme) – Bon ben salut !
– Ouais, à c'soir !
(bruit de porte qu'on claque et pas qui s'éloignent)
c. – Bonjour !
– Bonjour ! Ça va ?
– Bof ! Comme un lundi !… Bon, allez ! au travail ! Qu'est-ce qu'il y a à faire d'important ?
– Mais tout est important, tu sais le bien…
d. (bruits de rue, bruit de bus qui arrive, de portes qui s'ouvrent)
– Pardon ! Je descends !
– Je vous en prie.
(bruit de machine à composter et de bus qui démarre)
– Euh ! pardon, c'est bien le 26 ?
– Oui oui…
e. – Bonne nuit !
– Bonne nuit ! Dors bien !
(bruit de quelqu'un qui se couche + soupir)
f. – Pfff, ça y est ! fini ! Il est quelle heure ?
– Six heures dix !
– Bon ben j'y vais. Au revoir !
– Au revoir ! À demain !
– À demain ? Ah non ! Bon week-end !
– Ah oui, c'est vrai ! Bon week-end !
g. (sonnerie de réveil)
– Pffff… déjà ?
– Oui, tu t'lèves, toi ?
– Non, pas tout d'suite…
(bruit de pieds nus qui s'éloignent + bâillement)
h. (ronflements)

Bagage 5b, p. 66

– Radio 7/7, bonjour.
– Bonjour… euh… les sports, c'est de quelle heure à quelle heure ?
– C'est à 18 heures et ça dure une heure.
– À une heure ?
– Non, à six heures du soir ! De six à sept heures du soir.
– C'est tout ?
– Oui, c'est tout.

Bagage 6c, p. 66
– Vous regardez la télévision ?
– Ah bien sûr ! Je la regarde, ça c'est sûr !
– Quand ?
– Euh… ça dépend, mais je la regarde, ça oui !
– Et… vous prenez votre petit déjeuner à…
– Ah bien sûr ! Ça oui, je le prends.
– À quelle heure ?
– Le matin, bien sûr ! Mais c'est sûr, je le prends…
– Euh… et vous écoutez les informations à la radio ?

Parcours 2b, p. 67
– Bonjour ! Ça va ?
– Mmm…
– Qu'est-ce que vous faites ?
– Mmm…
– Vous ne répondez pas à mes questions. Mais vous lisez le journal, n'est-ce pas ?
– Oui, enfin, je voudrais bien le lire !
– Et pourquoi vous ne le lisez pas ?
– Mais je ne peux pas le faire : vous parlez !
– Oh ! Désolé !… Et les informations sont intéressantes ?
– Très intéressantes ! Et je voudrais bien les lire ! Vous comprenez ?
– D'accord ! D'accord !

Parcours 3, p. 67
– Excusez-moi, vous avez l'heure ?
– Oui, il est onze heures.
– Du soir ?
– Mais non, du matin !
– Vous êtes sûr ?
– Mais oui, je suis sûr !
– Excusez-moi, mais je viens de Nouvelle-Zélande.
– De Nouvelle-Zélande ? Ah je comprends !…
– Oui, là-bas, il est onze heures plus treize, il est minuit !
– Et le voyage dure combien de temps ?
– Vingt heures !
– Vingt heures ! C'est fatigant !
– Oui. Bon, au revoir, bonne nuit !
– Non, bonne journée !

Sortie 1, p. 68
– Bon, j'y vais, j'ai rendez-vous, là.
– Déjà ? Tu as rendez-vous à quelle heure ?
– À 5 heures.
– Et il est quelle heure ?
– Moins le quart. J'ai juste le temps, tu vois.

Sortie 2, p. 68
Interviewer : Qu'est-ce que vous avez comme rythme de travail en ce moment ?
Frédérique : Rythme de travail, ouh là !
I. : Vous avez des cours souvent ?
F. : Oui ben euh j'ai cours le lundi et l'mardi et l'mercredi et puis ben j'ai l'jeudi vendredi de libres.

I. : Jeudi vendredi d'libres ?
F. : Ah oui oui j'ai j'ai pas cours les jeudis et vendredis.
I. : C'est dur comme rythme, ça vous convient ?
F. : Non j'trouve que c'est pas dur, c'est relax *(rire)*.

Sortie 3, p. 68
a. Bonjour. Notre magasin est fermé pour le moment. Il est ouvert du lundi au samedi de 9 h à 19 h mais il est fermé entre midi et 2 h.
b. Vous êtes à la boulangerie Berthet. Elle est ouverte tous les jours de 9 h à 19 h. Elle est fermée le lundi.
c. Bonjour et bienvenue au supermarché Écho. Notre magasin est ouvert de 9 h à 21 h du lundi au samedi.

Aventure 1, p. 69
– Bonjour ! Cette semaine, c'est compliqué pour me joindre ! Vous pouvez m'appeler au 02 34 56 98 20 mardi toute la journée, jeudi après-midi et vendredi. Lundi, mercredi et le soir, sur mon portable (06 16 78 65 94).

Aventure 3, p. 69
– Alors, tu l'as ?
– Non… je ne sais pas où il est.
– Peut-être au bureau ?
– Peut-être… Zut !… Bon ! Attends, je réfléchis… Voyons, mardi et mercredi, je suis en voyage, lundi, je travaille avec André, vendredi… je visite une usine, je crois. Oui… alors jeudi, c'est bon.
– Jeudi, tu es sûr ?
– Oui.
– Tu notes ?
– Ben non ! Je l'ai pas ! *(rires)*

UNITÉ 11

Bagage 3b, p. 71
1. Au troisième top, il sera exactement 21 heures trente minutes.
2. J'habite au sixième étage.
3. Et c'est Luc qui arrive encore le dernier !
4. La rue Victor-Hugo, c'est bien dans le seizième ?
5. Le vingt et unième siècle a commencé !
6. J'habite dans la première maison de l'avenue, sur la gauche.

Parcours 1, p. 73
– Alors j'habite ici. D'abord, vous voyez, à droite de l'église, il y a la…
– Où est l'hôtel de ville ?
– Il n'y a pas d'hôtel de ville ici, ce n'est pas une ville, c'est seulement un village ; il y a une mairie. Elle est en face de l'église. Alors le médecin…
– C'est seulement un village ? Il y a une pharmacie ?
– Non, pas de pharmacie, mais c'est la maison du médecin. Alors j'habite à côté de la…
– Et à gauche de l'église, qu'est-ce que c'est ?
– C'est un café-tabac.

– Un café et bureau de tabac ?
– Oui, ici, c'est…
– Ah je vois ! C'est un village…
– C'est ça, oui, c'est un village, alors il y a un café-tabac, quoi…
– Bon, bon, je comprends : il n'y a pas de bureau de poste… et vous habitez où ?
– Là, à côté de la maison du médecin, derrière la boulangerie, vous voyez ?
– Ah ! il y a…
– Oui, monsieur ! Ici, c'est un grand village ! Il y a une boulangerie. Parfaitement ! Et j'habite dans la maison derrière la boulangerie !
– Bon, bon, Ne vous énervez pas !… euh… c'est un joli village !

Parcours 4, p. 73
– Taxi !… Bonjour, monsieur, je vais au musée de la Poste.
– Au musée de la Poste ? Mais c'est tout près.
– Tout près ?
– Oui, vous voyez la petite place, là-bas ?
– La petite place, oui, je la vois.
– Le musée est là. Au coin de la place !
– Ah bon ! Merci !

Parcours 5, p. 74
Ex. – Il habite où, Lumière ?
– Louis ? À Lyon, je crois, attends… oui, son adresse, c'est 30 rue des Écoles.
– Et le code postal ?
– Soixante-neuf zéro zéro sept.
a. – Nom ?
– Bernard.
– Prénom ?
– Claude.
– Adresse ?
– Rue Claude-Bernard.
– Vous vous appelez Claude Bernard, oui, j'ai compris, mais votre adresse ?
– C'est rue Claude-Bernard
– Ah bon ? À quel numéro ?
– Au 55, trente trois zéro vingt, Bordeaux.
– Merci.
b. – Dis, tu connais le musée Stendhal ?
– À Grenoble ? Oui, bien sûr.
– T'as son adresse ?
– C'est facile : 1, rue Hector-Berlioz.
– 38000 Grenoble ?
– Oui, c'est ça.

Sortie 1, p. 74
– Il est où leur immeuble ?
– C'est pas compliqué : ils habitent dans le centre.
– D'accord, mais comment on fait pour y aller ?
– Vous avez un plan de la ville, non ?
– Ben oui, mais j'ai pas le sens de l'orientation.
– Oh là, là ! Bon. Regardez : on est ici, d'accord ? et eux, ils sont là.
– Je vois. Je prends à gauche, la première rue à gauche.
– Non, la deuxième : la première est en sens unique. Et puis encore à gauche

jusqu'au rond-point. Vous le voyez ? Vous continuez encore tout droit trois cents ou quatre cents mètres jusqu'aux feux de l'Avenue du Maréchal-Lannes. Vous la voyez, là ? Eh bien, vous la traversez et c'est tout de suite à gauche.
– Cette rue à gauche, là ?
– Mais non, c'est leur immeuble qui est sur la gauche, voilà : juste après les feux, sur l'Avenue !
– Ah merci, mais vous pourriez peut-être répéter tout ça encore une fois, juste pour être sûr... ?

Aventure 1, p. 75
– Nos coordonnées ont changé. Veuillez désormais nous contacter au 165, rue du Musée, 49000 Angers, téléphone 02 41 23 24 10, fax 02 41 23 24 20. Merci.

Aventure 3, page 75
– Bon, je peux téléphoner d'ici, tu crois ?
– Oui, tiens regarde, il y a une *(bruit de moteur)* là-bas.
– Où ça ?
– Elle est là, derrière, tu la vois ?
– Derrière quoi ?
– Derrière le bus, tu ne la vois pas ?
– Ah si ! Bon, tu m'attends ?
– OK, mais pas une heure, hein ? Toi, quand tu téléphones...

UNITÉ 12

Bagage 5b, p. 78
– Quand est-ce que tu prends tes vacances ?
– Oh ! Je vais les prendre dans un mois.
– Avec ou sans tes parents ?
– Sans.
– Et tu as l'intention d'aller où ?
– Où ? Mais ici ! Je n'ai pas envie de changer, moi. Je suis bien ici, j'y reste !

Parcours 1b, p. 79
– Pardon, vous êtes d'ici ?
– Oui, je suis d'ici, pourquoi ?
– Parce que je cherche, euh la rue...
– Quelle rue ?
– Cette rue, là !
– Ah ! je vois, vous cherchez un sujet de conversation !
– Euh..., oui.
– Eh bien, on peut parler du temps. Il fait beau, hein ?
– Euh oui, il fait beau.
– Un peu froid pour cette saison, peut-être, non ?
– Oui, oui, un peu froid... mais il va faire chaud demain !
– Oui, mais c'est bien normal, nous sommes en mai.
– Oui, euh... vous êtes étudiante ?
– Ah ah ! Vous changez déjà de sujet ! Ce sujet ne vous intéresse pas ? Alors je réponds : oui j'habite dans cette ville, j'y suis née et j'y suis étudiante, non je n'habite pas chez mes parents, ça va ?
(rires)

Parcours 2, p. 79
– Qu'est-ce que vous avez l'intention de faire pour les prochaines vacances ?
– Je vais aller en Provence, je pense.
– En Provence ? Mais vous aimez la Bretagne : vous n'y allez pas ?
– Non, j'en viens. Je vais changer un peu.

Parcours 3, p. 80
(conversation téléphonique)
– Allô ! Domi ? C'est Sabine !
– Salut ! Ça va ?
– Ça va, ouais et vous ?
– Vous êtes où ? En Bretagne ?
– Oui, à Binic. J'ai écrit une carte postale, mais finalement je préfère vous téléphoner.
– C'est gentil. Ça va ? Il fait beau ?
– Il fait beau oui, mais pas très chaud... Pour la plage, c'est un peu euh... enfin ça va. Il y a un p'tit restau dans le village, vous allez voir ! super !
– Un quoi ?
– Un p'tit restaurant, on y mange très bien !
– Eh, attention aux kilos !
– *(rire)* Non, mais on a fait aussi du sport, qu'est-ce que tu crois ? On a fait du vélo, on a visité le coin. Bon alors, on vous attend pour quand ?
– Ben nous, je pense qu'on va pouvoir partir dans trois jours... le 7 quoi.
– Le 7 ? Alors vous allez arriver le 8 au soir, non ?
– Ouais, j'pense.
– C'est super ! Bon ben à bientôt hein ? Tu embrasses tout le monde ! Allez tchao !
– Tchao tchao !

Sortie 1, p. 80
a. – Vous êtes né quand ?
– Pardon ?
– Quelle est votre date de naissance ?
– Ah ! Le 15 juin 1982.
b. – On est quelle date aujourd'hui ?
– On est le... le 13, je crois... non, attends, le 12 janvier.
c. – Oui, c'est ça, la dernière éclipse totale de soleil a eu lieu le mercredi 11 août 1999 entre 12 h et 12 h 30.

Sortie 2, p. 80
Interviewer: Et le climat alors au Gabon ? Comment il est ?
Frédérique : Le climat... il fait chaud hein c'est chaud enfin en moyenne vingt-six degrés hein il fait chaud.
I.: C'est pénible à certains moments ? Il fait chaud et il pleut ? Vous avez une saison des pluies ?
F.: Oui oui oui oui elle va de euh elle va de quoi octobre à à à mai hein ouais et pis après y a une saison qu'on appelle la saison sèche qui va de mai à septembre ouais.

Aventure 1, p. 81
– Ici le musée de la Vigne et du Vin d'Anjou. Le musée est ouvert du 27 mars au 1er novembre. Exposition « Hier, aujourd'hui, demain » du 4 juillet au 1er novembre.

Aventure 2, p. 81
– Attends, je le cherche... Zut ! Il est où ?
– Quoi ?
– Ben, le... Ah il est là ! Alors, voyons... Ah, tu vois ! le premier avril, c'est bien un dimanche !
– Un dimanche, tu es sûr ? Fais voir ! Ah oui !
– Bon, alors on peut y aller !

Aventure 5, p. 81
– Allô ? Clara ? C'est Thierry !
– Salut, Thierry ! Alors, ça va ?
– Ça va ! Et vous ?
– Nous, ça va. Mais toi, t'es où ?
– Je suis à Avoriaz.
– C'est bien ?
– C'est super ! On sort beaucoup le matin parce qu'à partir de midi il fait un peu chaud.
– Ah ? il fait beau ?
– Très beau, très chaud même, mais c'est bien, l'après-midi, on visite la région ou on fait la sieste.
– Veinards !

UNITÉ 13

Bagage 7b, p. 88
– Allô ? Madame Himbert ? C'est Julien Maître... Comment allez-vous ? Dites, ma femme et moi, nous allons à un concert demain soir, ça vous dirait d'y aller avec nous ?
– Mais pourquoi pas ? C'est très gentil de nous le proposer. C'est un concert de quoi ?
– Un concert de musique classique, c'est à la mairie.
– Demain soir, vous dites ? Écoutez, je pense, oui, très volontiers, mais mon mari n'est pas là, alors je vous rappelle ?
– Très bien, d'accord.
– Merci, à très bientôt !

Parcours 1, p. 89
a. C'est vraiment dommage, je ne suis pas libre.
b. Nous parlons ensemble deux à trois fois par jour.
c. Vous n'êtes pas mariée, vous non plus ?
d. Vous aussi, vous dansez souvent ?

Sortie 1, p. 90
a. Oh ben non, j'peux pas.
b. Je suis désolée, vraiment, mais...
c. Peut-être, mais c'est pas sûr.
d. Je veux bien...
e. Je regrette vraiment... une autre fois, peut-être ?
f. Heureusement, c'est possible.
g. Oh ! C'est vraiment dommage !

Sortie 2, p. 90
Interviewer: Si on vous invite quelque part, et vous n'avez pas envie d'y aller, qu'est-ce que vous dites ?

Frédérique : Je dis que… j'peux pas, j'suis pas libre.
I. : Et vous trouvez un prétexte ?
F. : Ah oui parce qu'en plus en plus j'aime pas beaucoup sortir.
I. : Ah ouais.
F. : … donc euh j'trouve toujours une excuse euh *(rire)* « non, non, j'ai du travail ».
I. : Et vous, comment vous faites pour inviter ? Qu'est-ce que… vous écrivez, vous téléphonez…
F. : J'préfère dire directement bon, surtout si c'est quelqu'un qu'je vois pratiquement tous les jours, hein, j'lui dis : « Écoute, est-ce que tu pourrais venir chez moi ou est-ce qu'on pourrait aller voir un film ensemble ? » euh j'préfère directement.
I. : Vous invitez souvent ou non ?
F. : Oui si c'est pour venir chez moi, oui.

Aventure 1, p. 91
– Cabinet du docteur Hermelin, bonjour. *(silence)* Oui, quand voulez-vous venir ? *(silence)* L'après-midi ? *(silence)* Ah je suis désolée, le matin c'est impossible. *(silence)* À trois heures et demie, ça vous va ? *(silence)* Alors lundi 15 mars à quinze heures trente. C'est à quel nom ? *(silence)* Entendu. Au revoir, monsieur. *(silence)*

Aventure 2a, p. 91
– Allô ? Thierry ?
– Oui, salut, Jean-Marc !
– Dis, ce soir, il y a un match à la télévision.
– Oui, je sais, oui.
– Tu viens le regarder à la maison ?
– Bof. Moi, tu sais, le football…
– Tu ne veux pas ?
– Ben, je n'ai pas très envie de regarder la télévision.
– Ah ? c'est dommage. Regarder un match de football à deux, c'est un peu ennuyeux !
– À deux ?
– Oui, Sabine va venir. Bon ben salut !
– Sabine ? Elle vient ? Attends… Allô ? Jean-Marc ? Allô !
(tonalité : on a raccroché)

UNITÉ 14

Bagage 5b, p. 94
– Bon ben voilà, je m'appelle Antoine Lemaire, je suis né le 12 février 1972… J'ai fait des études de sciences économiques à Montréal, j'ai eu mon diplôme, une maîtrise, en 1995. Je n'ai pas continué, j'ai préféré apprendre des langues et voyager : je suis resté un an à Budapest en 1996, puis j'ai voyagé en Asie et en Afrique. Je suis revenu au Canada en 1998 et j'ai commencé à travailler chez DM à St-Paul.

Bagage 6b, p. 94
– Festival de Saint-Martin, bonjour.
– Bonjour… Je voudrais des informations sur votre programme, là.

– Oui, pour aujourd'hui ?
– Oui. Qu'est-ce qu'il y a ce soir ?
– Alors à 19 heures, une conférence sur…
– Non, les conférences ne m'intéressent pas. Il y a un film ?
– Oui, bien sûr, il est à 21 heures.
– Et c'est quoi, comme film ?
– C'est un nouveau film avec un jeune acteur.
– Il s'appelle comment ?
– L'acteur ?
– Non, le film.
– *Un an après.*
– Et après le film ?
– Après, il n'y a plus rien ; c'est fini, jusqu'à demain, bien sûr !
– Ah ! Ça continue demain ?
– Mais oui, demain et après-demain.

Parcours 1, p. 95
– Vous avez quitté Paris quand ?
– Euh… attendez… j'ai passé mon bac en 1995, je suis parti de Paris un an après.
– Vous n'êtes jamais retourné à Paris ?
– Non, jamais… pas eu le temps… ou pas envie peut-être.
– Vous avez revu des amis ?
– Non, enfin oui, j'ai rencontré une ancienne copine.
– Quand ?
– Euh… quand j'ai changé de travail, en 99. Attendez, non, c'est un an avant, quand je suis revenu de Russie.

Sortie 1, p. 96
Interviewer : Euh vous m'avez dit que vous faites un DESS de quoi, déjà ?
Frédérique : De français langue étrangère.
I. : Et vous avez déjà fait des études universitaires avant de venir en France ou vous avez commencé vos études universitaires ici ?
F. : J'ai euh j'ai fait une année à la fac au Gabon j'ai fait euh j'étais en droit et après je suis venue ici et j'ai changé en fait euh j'ai fait lettres modernes j'ai plus fait droit.
I. : L'étude du droit ne vous intéressait pas ?
F. : Euh pas qu'ça m'intéressait pas, j'crois qu'c'est… enfin c'est ma mère *(rire)* qui a voulu qu'je fasse lettres modernes et puis voilà !
I. : Ah bon ?
F. : Oui.
I. : C'est votre mère qui a choisi ?
F. : Oui.

Aventure 2, p. 97
Je l'ai écrit hier parce que je cherche un autre travail. Tu sais, le truc classique : bon, euh, je me suis d'abord présenté et j'ai noté mes coordonnées ; puis, mes études et tous mes diplômes ; ensuite, les petits boulots que j'ai eus ; euh… et enfin, j'ai écrit que je parle un peu italien et portugais. Tu vois, le truc classique, quoi. Mais je crois qu'il est bien écrit et bien présenté.

UNITÉ 15

Bagage 5b, p. 99
C'est Le Havre qui est la 11e ville française. Presque 200 000 personnes, plus exactement 190 652 personnes habitent au Havre. Le Havre est situé au nord-est de Paris, à l'embouchure de la Seine. La ville suivante, la 12e ville française, s'appelle Reims. Reims, connu pour son champagne, est situé au nord-est de Paris, et a environ deux fois moins d'habitants que Toulouse. La 13e ville s'appelle Lille. Lille est situé au nord de Paris, près de la Belgique. Cette ville a presque autant d'habitants que Reims, très exactement 182 228 en 1999.

Parcours 4, p. 101
– C'est une belle ville, n'est-ce pas ?
– Oh non, pas très…
– Ah bon ? Mais il y a une vieille ville, non ?
– Non. Il reste seulement une ou deux vieilles maisons. Non, la ville ce sont de grandes usines, des immeubles, et c'est tout.
– Ah bon ?… Il y a un musée ?
– Non, pas de musée, pas d'opéra, un seul cinéma, et pas de touristes.
– Ah ? C'est un ville assez triste, alors ?
– Non, très très triste ! On y travaille, on y fait la sieste, on y regarde la télé, et on y dort. C'est tout.
– Ah oui, pour un touriste, ce n'est pas terrible !

Aventure 4, p. 103
– Il se trouve où ?
– Au centre, dans la vieille ville, pas loin de la cathédrale.
– Et tu y vas souvent ?
– Jamais.
– Pourquoi ? Il n'est pas intéressant ?
– Si, c'est le meilleur de la région, mais tu sais, ça dépend des goûts, hein…
– Pourquoi, tu préfères aller à des concerts de jazz ?
– Eh bien, ce n'est pas la même chose, mais tu sais, je ne suis pas passionnément intéressé par la peinture, moi… Pas comme toi.

UNITÉ 16

Bagage 5b, p. 106
– Allô, Christelle ?… Oui, c'est moi… Nous sommes à Prague et tout va très bien. Mais qu'est-ce que tu fais, toi ? Il y a beaucoup de musique, qu'est-ce que c'est ?… Oui, les Tchèques sont très gentils. Mais qu'est-ce que c'est cette musique ?… Ah, les musées ? Moi, j'ai préféré la Galerie nationale… Oui, c'est formidable, pour le tourisme. Mais réponds-moi : qu'est-ce que c'est que cette musique ?… Oui, ta mère va très bien. Mais dis, Christelle qu'est-ce que tu fais ?… Quoi ? Un ami italien ? Maurizio ? Ça alors ! Mais… Et un ami

grec, Alexis ? Ça, par exemple ! Mais, qu'est-ce que ça veut dire ? Tu as combien d'amis à la maison ?... Oui oui, Prague, c'est magnifique ! Magnifique ! D'accord ? Bon. Maintenant tu m'expliques, hein ? Parce que moi, tes amis italiens, grecs ou allemands ou suédois, je... Oui, l'Union européenne, je sais, mais pas chez moi ! Tu m'entends ? Pas chez moi ! *(bruit : on raccroche violemment le téléphone)* Ça, par exemple !

Bagage 6b, p. 106

– Dis, tu connais Barbizon ?
– Non, mais je sais où ça se trouve.
– Et c'est où ?
– À 50 km au sud de Paris, à peu près.
– Et c'est compliqué pour y aller ?
– Pas du tout. Tu prends l'autoroute A6 jusqu'à Corbeil-Essonnes, là tu sors de l'autoroute et tu prends la nationale 7 en direction de Fontainebleau... Tu me suis ?
– Attends, l'autoroute jusqu'à Corbeil, puis la 7 jusqu'à Fontainebleau...
– Non, pas jusqu'à Fontainebleau : 8 km avant Fontainebleau, dans la forêt, tu tournes à droite pour aller à Barbizon.
– Ah, d'accord, je vois. Et c'est loin du carrefour où je tourne ?
– Non, à 2 km environ.
– C'est bon, j'ai compris. Merci.

Sortie 2, p. 108

– Vous prenez le train, le matin, pour aller à Clermont, ou vous y allez en car ?
– En train tous les matins.
– Et vous habitez loin de la gare ?
– Non, j'habite au centre-ville, et la gare est à peu près à... 5 minutes.
– À 5 minutes, oui. Vous pouvez m'expliquer comment aller à la gare, de chez vous ?
– Donc, quand je sors de chez moi, je... j'habite sur le boulevard... donc je continue le boulevard euh sur la gauche *(Oui)*, je prends une petite rue sur la droite...
– C'est la première petite rue ?
– Oui, la première petite rue sur la droite, euh, je dois marcher à peu près 10 ou 20 mètres, et après j'arrive sur une sur une grande avenue, donc il faut que je tourne, euh, donc sur la gauche, et que je continue tout droit, et j'arrive à la gare.
– D'accord. Donc l'avenue arrive sur la gare ?
– Oui, l'avenue arrive sur la gare.
– Donc ce n'est vraiment pas très compliqué !
– Non non non, ce n'est pas compliqué.

Aventure 4, p. 109

– Allô ? Fabienne ? C'est Julien, ça va ?
– Ça va et toi ?
– Écoute je suis au festival de Saint-Martin, là, il y a plein de trucs intéressants.

– Le festival de Saint-Martin ? C'est quoi et c'est où ?
– Ben écoute, c'est difficile à expliquer, mais viens !
– Maintenant ?
– Tu es libre ?
– Ben oui.
– Alors écoute, c'est à la maison de la culture du quartier Saint-Martin, il y a un film à trois heures, on se retrouve devant la maison ?
– Devant chez toi ?
– Non, devant la maison de la culture, j'y suis déjà. Tu sais comment y aller ?
– Non.
– C'est à 10 minutes de chez toi en bus. Prends le bus numéro 28 en direction de l'université. Il passe devant la maison de la culture.
– Bon, ben à trois heures à l'entrée de la maison de la culture, à tout de suite !

UNITÉ 17

Bagage 2b, p. 110

Aujourd'hui à Londres, le ciel est couvert, et il a plu un peu en fin d'après-midi. Température minimale : 14°, et maximale : 20°. Demain, le temps restera couvert et il pleuvra toute la journée.

Sortie 1, p. 114

– Il fait beau aujourd'hui, n'est-ce pas ?
– Oui, on a un temps magnifique. Froid mais sec, et un beau soleil.
– Un beau soleil, oui.
– C'est agréable.
– Oui... Et quel est le climat, en général, à Clermont-Ferrand ?
– Euh, le climat à Clermont... Euh, très chaud l'été *(Oui)*, parce qu'on est au milieu des montagnes, donc on est dans une vallée, beaucoup d'asphalte, de pierres, donc il fait très très chaud l'été... et en général, l'hiver, au contraire... on a quand même des hivers assez froids *(Oui)*, ça dépend bien sûr des années, euh, on a quelquefois de la neige, euh...
– En ville, en ville même ?
– Oui, en ville même... mais non, c'est un climat assez agréable.

Sortie 2, p. 114

– Dites donc, vous devez être vachement heureux, vous...
– Pourquoi vous dites ça ?
– Écoutez : ça fait trois fois que je viens dans votre région cette année et il fait à chaque fois un temps superbe.
– Ah ça, c'est bien les touristes ! Non, mais, vous l'entendez ? Nous, ici, mon cher Monsieur, ça fait des mois qu'on attend la pluie !
– Mais c'est pour ça que vous avez autant de touristes.
– Eh ben, je vais vous dire : nous, ici, on préférerait avoir ZÉRO touriste et un bel

orage. Et que cet orage emporte tous les touristes au diable. Vous voyez ce que je veux dire ?!

Aventure 3, p. 115

On ne peux pas tous les ramasser, hein ! Tu fais attention à leur couleur, c'est important. D'accord ? Si tu ne les connais pas bien, tu peux prendre un livre avec toi en promenade, et tu les compares avec les dessins du livre. Comme ça, pas de catastrophe possible...

UNITÉ 18

Sortie 1, p. 124

– Vous avez choisi ?
– Je ne sais pas... c'est difficile...
– Une salade pour commencer ?
– Une salade ?
– Oui, avec du jambon et du fromage.
– Ah non, j'aime pas l'fromage !
– Alors une salade verte ?
– Oui, pourquoi pas... C'est que, vous comprenez, je mange trop, alors...
– Alors prenez du poisson, ensuite, c'est bien le poisson...
– Il est bon ?
– Excellent !
– Bon... mais...
– Et pour boire ?
– Pardon ?
– Qu'est-ce que vous allez boire ?
– ...
– Du vin ?
– Vous croyez ?
– Moi, je ne sais pas, mais avec le poisson, c'est...
– De l'eau peut-être ?
– De l'eau minérale ?
– Euhhh le vin est bon ?
– Nous avons beaucoup de vins différents mais je vous recommande un petit vin pas cher... Vous verrez, je ne vous dis que ça !
– Bon, mais un peu d'eau aussi, alors.
– Entendu.

Sortie 2, p. 124

Interviewer : Si quelqu'un vous disait tiens j'ai envie d'aller faire du tourisme dans ton pays, qu'est-ce que vous lui diriez ?
Frédérique : Oh là ! oh là là ! j'serais pas une bonne conseillère parce que franchement euh...
I. : Ah ouais...
F. : Ouh j'connais pas très bien mon pays je l'avoue mais je sais que y a des réserves là-bas par exemple y a la réserve de Honga Hongué que le touriste peut toujours aller visiter j'y ai jamais été moi-même *(rire)* mais je sais qu'y a des réserves sinon y a aussi une autre réserve qu'on appelle la rivière de Diguéla et sinon y a la réserve de la Lopé également...
I. : Dans les réserves on peut voir quel genre d'animaux ?

F. : Des éléphants des antilopes je sais pas si on peut voir des lions j'en sais rien du tout j'en sais rien du tout à part ça... euh est-ce qu'on peut voir des singes ? peut-être peut-être hein j'en sais rien j'en sais rien.

I. : Et y a des... des villages typiques qu'on peut voir non j'sais pas des danses africaines des choses comme ça ? des possibilités comme ça pour un touriste ?

F. : Oui mais le mieux pour le touriste ça s'rait qu'il aille justement pendant la saison sèche dont j'ai parlé là c'est-à-dire euh on va dire plutôt juin juin à septembre parce que là c'est la période des vacances donc euh tout l'monde pratiquement va au village enfin les Librevillois vont au village c'est la période de des danses tout ça ouais.

I. : Et toujours pour ce tourisme là, ce touriste qu'est-ce que vous lui conseilleriez d'acheter au Gabon ?

F. : Alors euh euh comment ça s'appelle des vêtements T-shirts et tout déjà c'est très beau.

I. : Des batiks ?

F. : Des... ?

I. : Des tissus colorés, là ?

F. : Voilà, ouais et sinon ben je lui conseillerais bien euh la pierre de M'Bigou ça s'appelle en fait c'est des statuettes sculptées dans d'la pierre de M'Bigou qui est au moins une pierre d'une région du Gabon c'est très beau et puis...

I. : C'est de quelle couleur ?

F. : Euh c'est euh enfin là, d'quelle couleur j'sais pas c'est un peu beige...

Aventure 3, p. 125
– Oui, je vous en fais un. Vous en voulez un long ou un court ?
– Pardon ? Ah un grand, oui, un long.
– Avec un peu de salade verte et de la tomate ?
– Pas trop de tomate, s'il vous plaît, parce qu'autrement, c'est difficile à manger...
– Mais vous le mangerez ici ?
– Non, je n'ai pas le temps.

UNITÉ 19

Bagage 1c, p. 126
– Allô ? Je voudrais parler à Mme Bayard.
– Mme Bayard ? Je suis désolée, je ne la connais pas. Je pense que vous vous êtes trompée.
– Mais ce n'est pas le 03 81 34 78 55 ?
– Si. Euh..., vous voulez parler peut-être à Mme Gaillard ?
– Oui, c'est ça ! Mme Bayard...
– Non, Gaillard, G, A, I, L, L, A, R, D ! Je vous la passe. C'est de la part de qui ?
– De la part de Solange Dupont.
– Oui, un moment, SVP. (autre voix, ensuite : celle de Mme Gaillard)

– Oui, allô ?
– Bonjour, madame. Ici, Solange Dupont !

Bagage 2b, p. 126
1. Je connais une région, tout le monde l'aime.
2. Ils ont vu un film, personne ne l'a aimé !
3. Hier, j'ai rencontré Michèle, je l'ai invitée à dîner.
4. Hier, j'ai rencontré Luc, il partait pour la Grèce.
5. Hier, j'ai vu Samira, elle va mieux, et elle vous dit bonjour.
6. J'ai vu Sabine, elle était au restaurant avec lui !

Bagage 3b, p. 127
– Je connais un restaurant pas cher, on y mange très bien.
– Qu'est-ce que tu dis ?
– Je connais un restaurant où on mange très bien.
– Ah bon ?
– Oui, enfin, c'est un restaurant où moi, j'ai bien mangé.

Bagage 4c, p. 127
(accent étranger) – Qu'est-ce que c'est, un bureau de tabac ?
– Un bureau de tabac ? C'est un truc... enfin, un magasin, quoi, où on achète...
(accent québécois) – Oui, au Québec, on dit « une tabagie ».
(accent étranger) – « Tabagie » ? On achète une tabagie dans un bureau de tabac ?
– Non, attends, une tabagie, c'est un bureau de tabac, c'est-à-dire un magasin où on achète des cigarettes.
– Et pourquoi il dit tabagie, lui ?
– Mais parce qu'il est québécois !
– Ça veut dire quoi, québécois ?
– Ça veut dire qu'il vient du Québec.
– Et au Québec, on dit bureau de t...
– Non, « tabagie » !
– Ah oui...
– Ça va, c'est clair ?
– Oui...

Bagage 5c, p. 128
– Pourquoi tu ne parles pas à Antoine ?
– Mais je lui parle !
– Ah bon ?
– Oui, je ne lui parle pas souvent, mais je lui parle !

Parcours 3, p. 129
– Allô, Paul ? Je ne te dérange pas ?
– Excusez-moi, mais qui êtes-vous ?
– Mais Paul, tu ne me reconnais pas ?
– Euh, je n'entends pas très bien. Vous pouvez parler un peu plus fort ?
– Bien sûr. Paul, c'est moi, Amanda. Je te téléphone pour te proposer de venir au cinéma avec moi, ce soir.
– Ah, c'est sympathique, ça ! Et on va voir quoi ?
– Oh, un film espagnol. J'ai oublié le titre.

– Très bien ! À quel cinéma et à quelle heure ?
– Au Gaumont, à sept heures et demie.
– Bien. Et comment on va se reconnaître ?
– Comment ? Qu'est-ce que tu veux dire ?
– C'est-à-dire que je ne te connais pas. Mais je viens volontiers !
– Vous voulez dire que je n'ai pas fait le bon numéro de téléphone ?
– C'est ça : je ne suis pas Paul ! (rire)

Sortie 1, p. 130
– Quand le téléphone sonne, vous dites vous dites quoi ? Vous prenez le téléphone, et vous dites quoi ?
– Allô ?
– Vous dites Allô.
– Allô, oui.
– Est-ce que vous vous présentez, est-ce que vous dites : « Allô, ici Julie » ou...
– Non, non non, juste Allô et j'attends que le correspondant se présente.
– Donc c'est l'autre qui se présente (Oui) et vous a priori, vous ne vous présentez pas ?
– Non, pas tout de suite.
– D'accord. Et quand vous, vous appelez maintenant (Mm), est-ce que vous vous présentez ?
– Oui, bien sûr !
– Qu'est-ce que vous dites, précisément ?
– Allô, bonjour, c'est Julie – ou Julie Dance si la personne ne me connaît pas très bien –, est-ce que je pourrais parler à telle ou telle personne ?
– D'accord.

Aventure 2, p. 131
– Tu sais, Machin qui... euh... qui a un fils qui s'appelle Martin. Tu sais, Machin ! Oh, j'oublie toujours son nom ! Il habite juste à côté de chez toi, la maison d'à côté, et il a un fils...

UNITÉ 20

Bagage 3b, p. 133
1. (voix féminines) – Tu vois le mec, là-bas ?
– Lequel ?
– Celui avec des lunettes de soleil et des cheveux blonds.
– Ah oui ! Eh bien ?
– Il est pas mal !
2. – C'est qui André ?
– André, c'est le garçon, là, qui parle avec des filles.
– Le brun ?
– Oui, avec des vêtements clairs.
3. – Tiens, y a ma secrétaire !
– Où ?
– Là, entre les deux filles en jaune.
– Avec les cheveux courts ?
– Oui.
4. – Vous cherchez quelqu'un ?
– Oui, monsieur Brun.
– C'est l'homme, là-bas, avec les cheveux longs et le grand sac.

Bagage 5b, p. 134
– Devinez ce que je viens d'acheter !
– Ça se mange ?
– Non.
– C'est de quelle couleur ?
– C'est difficile à dire, il y a plusieurs couleurs…
– Ça ressemble à quoi ?
– C'est un peu comme une voiture…
– Un bus !
– Mais non, j'ai pas acheté un bus, voyons ! C'est un peu comme une voiture, mais c'est plus petit, moins cher…
– Une bicyclette ?
– Non, mais presque !
– Une moto !
– Oui, c'est ça.
– Ouah ! On peut la voir ?

Parcours 2, p. 135
– Tu as le journal ?
– Oui, tu veux voir quelque chose ?
– Oui, je cherche une moto.
– Tu ne préfères pas une moto neuve ?
– Non, j'en veux une vieille, une belle !… Ah ! ici, il y en a une !
– Elle est comment ?
– J'sais pas, i'disent pas grand-chose, mais elle est noire, elle est de 1981, et elle coûte pas cher !
– Combien ?
– 1 000 €. Je vais téléphoner.

Sortie 1, p. 136
Frédérique : Mes parents euh i sont pas trop cinéma *(rire)* lecture non plus hein j'dirai parce qu'on les voit rarement dans les bibliothèques eux c'est plutôt j'sais pas euh aller dans des maquis vous connaissez les maquis ?
Interviewer : Non qu'est-ce que c'est ?
F. : Les maquis c'est des euh mmm comment j'peux dire ça c'est des sortes de euh de terrasses découvertes enfin c'est dans des sortes de maisons et pis euh on fait beaucoup d'brochettes euh…
I. : C'est des restaurants ou des cafés ?
F. : C'est euh… non c'est pas vraiment des restaurants non c'est euh on va dire une sorte de café.
I. : D'accord.
F. : … sorte de café où on boit et on peut manger un peu aussi…
I. : On y écoute de la musique on y danse ?
F. : On y écoute de la musique on n'y danse pas la musique oui on écoute de la musique voilà ouais c'est vrai qu'les jeunes aussi *(rire)* aiment bien ce genre de loisir également.
I. : Et on appelle ça un maquis…
F. : Ouais.
I. : Ça s'écrit comment ?
F. : M, A, Q, U, I, S.
I. : Ouais.
F. : Ouais.

Sortie 3, p. 136
– Quelle marque, la voiture ?
– J'ai mal vu. Étrangère. J'sais pas.

– La couleur ?
– Pffff… sombre. Peut-être. Oui, sombre.
– Le numéro ?
– Ah ça, je regrette.
– C'était à quel endroit ?
– À Blinville.
– Bien, eh ben, c'est pas beaucoup. Dommage…

Sortie 4, p. 136
Bonjour, je suis le répondeur de Sylvain et Ghislaine. Je suis tout petit et très foncé, mais j'adore les grands messages très clairs : je vous écoute !

Aventure 2, p. 137
– Moi, j'en ai une en plastique, c'est bien…
– Ah bon ?
– Ben oui, c'est mieux que le papier, quand il pleut, tu comprends ?
– Quand il pleut ?
– Mais oui ; je marche beaucoup, alors je marche aussi quand il pleut, et quand j'ai besoin de chercher mon chemin, je suis bien content.
– Je comprends.

UNITÉ 21

Sortie 1, p. 142
– Vous connaissez cet ordinateur, là ?
– Pas très bien. Moi, j'en ai un autre.
– Donc, vous ne savez pas comment je peux le mettre en marche ?
– Eh bien, je pense que vous avez juste à appuyer sur le bouton là, là-bas, à droite.
– Bon, j'appuie dessus. *(bruit)* Ah ! Il y a du bruit. Quelque chose se passe.
– Oui, je pense que ça doit être ça. Vous avez juste à appuyer sur ce bouton.
– Mais c'est simple à utiliser, un ordinateur !
– Oui, il suffit d'appuyer sur un bouton et, après, la technologie fait le reste.
– Vous utilisez, euh, un ordinateur, vous-même, souvent ?
– Oui, je suis de plus en plus obligée d'utiliser l'ordinateur.
– Euh, est-ce que vous pouvez m'expliquer comment vous faites pour, pour euh, aller sur Internet, par exemple, pour, pour trouver votre université, là, sur Internet ?
– Donc, avec la souris, vous sélectionnez « Netscape ».
– Oui, alors là, il faut appuyer sur le bouton de la souris ?
– Oui, il faut cliquer deux fois.
– Deux fois, oui, d'accord.
– Et après, vous avez donc sur l'écran la flèche et vous avez une petite fenêtre avec une adresse, et et pour trouver le site de l'université Blaise-Pascal à Clermont-Ferrand, vous avez juste à changer l'adresse.
– Ah, l'adresse qui est en haut de l'écran, là ?

– Oui, l'adresse qui est en haut, au milieu, vous avez juste à changer cette adresse. Vous cliquez dessus et vous écrivez l'adresse de l'université.
– Donc, il faut connaître l'adresse de l'université pour pouvoir l'écrire ici ?
– Oui, pour accéder au site.

Sortie 2, p. 142
– Bon, alors, maintenant, vous êtes devant une nouvelle machine que vous ne connaissez pas… Par exemple, un distributeur automatique de tickets de bus… Qu'est-ce que vous faites ?
– Ben, j'demande à la personne qui est derrière moi si elle peut m'aider, quoi, voilà… je n'connais pas, donc, euh…
– D'accord. (…)

Sortie 4, p. 142
– Ça va, toi, à Paris, là-bas ?
– Oui.
– Et l'boulot ?
– Ça va.
– C'est quoi, au juste ?
– Hm. Psychologue.
– Psychologue ?! Ah ben, dis donc ! Ah ! C'est quoi, exactement ?
– C'est l'étude de la personnalité.
– Ah, Ah ! Ça sert à quèqu'chose, ça ?
– Ah, évidemment ! Pour savoir si quelqu'un est capable de faire un travail, on lui fait passer des tests.
– Des tests ? Ah, oui, oui, oui, des tests ! Oui, des tests !

Aventure 2, p. 143
Vous êtes en communication avec le Service d'information automatique de TV Câble. Le Service fonctionne 24 heures sur 24 et 7 jours sur 7. *(musique)* Écoutez attentivement les consignes qui vont suivre : si vous souhaitez des informations pratiques, telles que : tarifs, modes de paiement…, appuyez sur la touche 1 de votre clavier téléphonique ; si vous avez reçu une facture de nos services, appuyez sur la touche 2 ; si vous venez de changer d'adresse ou de situation, appuyez sur la touche 3. Pour toute autre information, patientez : une opératrice va vous répondre… *(musique)*

Aventure 3, p. 143
(voix d'enfants)
– Devine ce que j'ai acheté pour la fête des mères !
– Ça se mange ?
– Non.
– C'est pour faire joli, ou c'est utile ?
– Euh… c'est utile, mais c'est joli aussi.
– C'est pour la maison ?
– Non.
– C'est en quoi ?
– En métal et en cuir.
– En métal et en cuir ?
– Oui, mais il y en a aussi tout en métal, ou en plastique. Je vais t'aider. C'est utile quand on a des problèmes de temps.

– De temps ?
– Oui, ou d'heure, si tu veux !
– Un réveil ?
– Presque !
– Ah j'ai trouvé !

UNITÉ 22

Bagage 1c, p. 144
– Je suis arrivée la première au bureau ce matin, comme d'habitude.
– Absolument pas ! C'est moi au contraire, qui suis arrivée la première. Et c'est à huit heures moins le quart que je suis arrivée.

Bagage 5b, p. 146
1. C'est super ! Super extra ! **2.** Ça fait du bien d'entendre ça ! **3.** Oh non, c'est pas possible ! C'est trop ! **4.** Non, mais c'est pas vrai ! **5.** Ça va être terrible ! **6.** C'est pas bien, ça ? Hein ? **7.** C'est vraiment pas bien… **8.** Mmm, ça fait du bien de pouvoir enfin se reposer !

Parcours 4, p. 147
– Comment ça se passe dans votre rêve, vous pouvez me raconter ?
– Oui… Il fait nuit, je marche dans la rue… Je suis seule. J'arrive à un carrefour, je vois un homme et une femme : ils parlent fort mais je ne les comprends pas. Et puis ils me regardent. Puis ils se retournent et ils partent à cheval, sans parler.

– À cheval ?
– Oui, à cheval.
– Et vous ?
– Moi, j'appelle mon chien et je pars aussi.

Sortie 2, p. 148
– Euh, vous m'avez dit qu'vous faites un DESS de quoi, déjà ?
– De français langue étrangère.
– Et vous avez déjà fait des études universitaires avant de venir en France ou vous avez commencé vos études universitaires ici ?
– Euh, j'ai fait une année à la fac, au Gabon ; j'ai fait euh j'étais en droit et après, je suis venue ici et j'ai changé. En fait, euh j'ai fait euh j'ai fait lettres modernes, j'ai plus fait du droit.
– L'étude du droit ne vous intéressait pas…
– Euh, pas qu'ça m'intéressait pas. J'crois qu'c'est enfin ma mère (rire) qui voulait pas qu'j'en fasse ; elle voulait qu'je fasse lettres modernes et puis, voilà.
– Ah, bon.
– Oui.
– C'est votre mère qui a choisi ?
– Oui. En Afrique, ben les parents influencent beaucoup les (rire) le choix des enfants. Elle voulait pas, elle disait qu'c'était trop dur, non, i faut pas…

– Et vous avez des regrets, maintenant ?
– Non, non, parce que, enfin, quand j'voyais à Tours, quand j'voyais des amis qui faisaient du droit, j'trouve qu'c'était assez dur par rapport à c'que moi j'fais. Non (rire), j'ai pas d'regrets.
– La vie est difficile au Gabon ? Les gens se plaignent ?
– Oui, c'est difficile comme partout, hein, quoi la vie est difficile et euh i paraît qu'c'est… le Gabon fait partie des pays du monde où la vie est quand même très chère, ouais, ouais, la vie est difficile, j'trouve que…
– Est-ce que les gens se plaignent ?
– Les gens se, oh, se plaignent pas beaucoup.
– Qui est-ce qui se plaint le plus, d'après vous ?
– Oh, les Français ! (rire) Les Français, parce que nous, quand on voit ça, on s'dit mais attendez, si i fallait s'plaindre, mais j'crois qu'nous on s'rait les premiers à s'plaindre, parce que vu comment… la vie est quand même pénible chez nous (rire).

Aventure 2, p. 149
– Il est où ?
– Là, derrière la cabine téléphonique.
– Il faut combien ?
– Une pièce de 2 euros. Tu en as une ?
– Oui, il faut la mettre où ?
– Ici, regarde.

MÉMENTO GRAMMATICAL

Les nouveautés grammaticales étant introduites progressivement, ce mémento permet de regrouper les connaissances autour de notions grammaticales en en donnant une vision d'ensemble.

LES DÉTERMINANTS

	Articles définis			Art. indéfinis	Art. partitifs	Adj. démonstratifs	Adjectifs possessifs	Adj. interrogatifs	Adj. indéfini *tout**
		avec *à*	avec *de*						
masculin	le l'	au à l'	du de l'	un	du de l'	ce cet	mon ton son notre votre leur	quel	tout
féminin	la l'	à la à l'	de la de l'	une	de la	cette	ma ta sa notre votre leur mon ton son	quelle	toute
pluriel	les	aux	des	des	de l'	ces	mes tes ses nos vos leurs	quels quelles	tous toutes

* S'utilise avec un autre déterminant : *tout* le monde, *toute* la famille, *tous* ces immeubles, *toutes* leurs amies…

L'EXPRESSION DE LA QUANTITÉ

1. On peut compter

zéro pas de…	un(e) un(e) seul(e)	deux ou trois… quelques… (très) peu de…	des… beaucoup de… de nombreux…

Vous avez combien de… ?

je n'en ai pas j'en ai un/une (seul/e)		j'en ai deux ou trois j'en ai quelques-uns	j'en ai cinq j'en ai beaucoup

2. On ne peut pas compter

pas de… ne… rien (du tout)	un (petit) peu de… (très) peu de…	du…/de la… des…	beaucoup de…

3. Quantités relatives

• pas assez de…	assez de…	trop de…		
• le quart (1/4) cinq fois moins une partie de…	50 % (pour cent) un sur deux la moitié (1/2)	la plupart des…	tout tous/toutes l'ensemble de…	le double cinq fois plus

4. Comparer les quantités

–	=	+
moins de… que… inférieur à… le moins de…	autant de… que… égal à… la même quantité de…	plus de… que supérieur à… le plus de…

LA NÉGATION

Il faut toujours deux mots :

NE + PAS
NE + QUE (= SEULEMENT)
NE + JAMAIS (≠ TOUJOURS/SOUVENT)
NE + RIEN (≠ QUELQUE CHOSE/TOUT)
NE + PERSONNE (≠ QUELQU'UN)
NE + PLUS (≠ ENCORE)

Le verbe ou l'auxiliaire est toujours entre les deux mots.
Elle **ne** travaille **plus** ?
Il **n'a pas** écrit. Elle **n'est pas** encore arrivée ?
Il **ne va jamais** venir ! Il **ne** devait **jamais** le dire !

Les pronoms compléments se placent toujours entre NE et le verbe.
Il **n'y va** pas souvent. Elle **ne s'appelle** pas comme ça.
Vous **ne les avez** jamais vus ?
Ne le **prenez**-vous pas ?

Dans les expressions à l'infinitif, les deux mots sont avant le verbe, et les pronoms compléments entre les deux mots et le verbe.
Ne pas utiliser cet appareil, s'il vous plaît.
Que faire ? Y aller ou **ne pas** y aller.

COMPARATIF ET SUPERLATIF

COMPARATIF	SUPERLATIF
PLUS/MOINS/AUSSI + **adjectif** + QUE... Ce journal est plus vieux que l'autre. Je suis aussi désolé que vous.	LE PLUS/MOINS + **adjectif** C'est le musée le plus intéressant.
PLUS/MOINS/AUSSI + **adverbe** + QUE... J'y vais moins souvent que vous. Il va plus vite que moi.	LE PLUS/MOINS + **adverbe** C'est lui qui parle le moins fort.
Attention ! plus + bon(ne) → MEILLEUR(E) / plus + bien → MIEUX	
C'est meilleur qu'au restaurant ! Ça va mieux ce matin ?	C'est le meilleur sportif de l'équipe. C'est lui qui travaille le mieux.
verbe + PLUS/MOINS/AUTANT QUE... Il mange plus que moi.	**verbe** + LE PLUS/MOINS C'est le musée qui m'intéresse le moins.
PLUS/MOINS/AUTANT DE + **nom** + QUE... Elle a plus de vacances que lui. Mais non, il en a autant qu'elle !	LE PLUS/MOINS DE + **nom** C'est elle qui a le plus de vacances. C'est moi qui ai fait le plus d'erreurs.

L'ACCORD DES ADJECTIFS QUALIFICATIFS

> **FÉMININ : + E**
> **PLURIEL : + S**
> **FÉMININ PLURIEL : + ES**

Exemples :
Il est désolé, elle est désolé**e** aussi.
Il est célibataire, elle est célibataire aussi.
Ils sont tous célibataire**s**, et elles sont toutes désolé**es**.

• -ER → -ÈRE **au féminin**
Elle est la premi**ère**. C'est une étrang**ère**. Elle est lég**ère** et ch**ère**.

• -EL, -EN → -ELLE, -ENNE **au féminin**
C'est une fête europé**enne** et cultur**elle**.

• -EUX → -EUX **au pluriel,** -EUSE **au féminin**
L'une est curi**euse**, l'autre est ennuy**euse** et les deux sont malheur**euses**.

• -IF → -IVE **au féminin**
Elles sont très sport**ives**.

Quelques adjectifs particuliers :
beau	→ belle, beaux, belles
blanc	→ blanche, blancs, blanches
complet	→ complète
faux	→ fausse, faux, fausses
fou	→ folle, fous, folles
gentil	→ gentille
gros	→ grosse, gros, grosses
neuf	→ neuve
vieux	→ vieille, vieux, vieilles
violet	→ violette

LES PRONOMS

	①	②	③	④	⑤	⑥	⑦
P R O N O M S P E R S O N N E L S	je/j' tu il elle on* nous vous ils elles	moi toi lui elle soi/(nous)* nous vous eux elles	me/m' te/t' se/s' se/s' se/s' nous vous se/s' se/s'	me/m' te/t' le/l' la/l' (nous)* nous vous les les	me/m' te/t' lui elle (nous)* nous vous leur leur		
PRONOMS-ADVERBES	ça	ça	se	ça	y	y	en
PRONOMS RELATIFS	qui	–	–	que		où	

* **ON** remplace souvent **NOUS** en langage familier parce qu'il est plus simple. (**Nous, on** part maintenant. = **Nous, nous** partons maintenant.)

① SUJET : *Je vais bien. C'est vous **qui** connaissez bien la question.*

② TONIQUE : – Insistance : ***Moi,** je travaille le dimanche.* – Après préposition : *C'est différent chez **eux**. C'est pour **moi** ?* – Après c'est, ce sont : *C'est **vous** ? Ce sont bien **eux**.*

③ RÉFLÉCHI (avec verbe pronominal) : *Je **me** promène. Ils **se** téléphonent tous les jours.*

④ COMPLÉMENT D'OBJET DIRECT (accusatif) : *Je vais **le** vendre. C'est la couleur **que** vous avez choisie ?*

⑤ COMPLÉMENT D'ATTRIBUTION (datif, question : « à qui ? ») : *Il **lui** parle. Elle **leur** écrit un message électronique.*

⑥ COMPLÉMENT DE LIEU (question « où ? ») : *Il **y** va demain. C'est l'usine **où** elle travaille.*

⑦ COMPLÉMENT D'OBJET INDIRECT (question « de quoi ? ») : *Il **en** parle dans sa lettre.*

OU COMPLÉMENT D'OBJET DIRECT AVEC ARTICLE INDÉFINI OU PARTITIF : *Il **en** a acheté.* (en = de l'eau minérale, des fruits…) – *Il va **en** acheter un.* (en = ordinateur…)

La place des pronoms compléments (③④⑤⑥⑦)
• Ils se placent toujours avant le verbe ou l'auxiliaire du passé composé : *Je **le** vois. Il ne **lui** parle pas. J'**en** ai mangé. Il ne **les** a pas trouvés. Il faut **les** chercher ! Je viens d'**y** aller. Je veux **leur** téléphoner. Il ne doit pas **se** lever. On va **en** prendre deux. N'**en** achetez pas !*
• Sauf pour les verbes à l'impératif à la forme affirmative : *Achetez-**en** ! Allons-**y** ! Regardez-**les** !*

L'INTERROGATION

1. Question sans verbe : *Vous ? Avec M. Lebeau ? Ici ? À quelle heure ? Depuis quand ?*

2. Question avec verbe à l'infinitif : *Être ou ne pas être ? Que faire ? Comment y aller ? Pourquoi ne pas le dire ?*

3. Les trois modèles de phrase interrogative

① (MOT INTERROGATIF) + EST-CE QUE + SUJET + VERBE (+ COMPLÉMENT) ?

	Est-ce que	*vous*	*êtes*	*d'accord ?*
Pourquoi	*est-ce qu'*	*il*	*part ?*
Qu'	*est-ce qu'*	*elle*	*fait*	*demain ?*

Ce modèle est le modèle courant : il s'utilise surtout quand on parle, mais aussi à l'écrit.

② (MOT INTERROGATIF) + VERBE + SUJET (+ COMPLÉMENT) ?

	Êtes-	*vous*	*d'accord ?*
Pourquoi	*part-*	*il ?*
Que	*fait-*	*elle*	*demain ?*

(MOT INTERROGATIF) + SUJET + VERBE + PRONOM SUJET (+ COMPLÉMENT) ?

Pourquoi   la dame   part-   elle ?

Ce modèle est utilisé essentiellement à l'écrit et ne fonctionne plus beaucoup avec « je ».

③ (MOT INTERROGATIF) + SUJET + VERBE (+ COMPLÉMENT) ?

	Vous	*êtes*	*d'accord ?*
	Il	*part*	*pourquoi ?*
Pourquoi	*il*	*part ?*

OU SUJET + VERBE (+ MOT INTERROGATIF) (+ COMPLÉMENT)

Elle   fait   quoi   demain ?

Ce modèle s'utilise essentiellement quand on parle.

CONJUGAISONS

RÈGLES GÉNÉRALES

A. Les terminaisons du présent : TU… -S, NOUS… -ONS, VOUS… -EZ, ILS… -ENT
(sauf *être, dire, faire* : vous êtes, vous dites, vous faites, et sauf *vouloir* et *pouvoir* : voir index p. 174)

B. Le futur (simple) = INFINITIF + TERMINAISONS : **parler** ➜ je **parler**/ai, **prendre** ➜ je **prendr**/ai
(sauf *avoir, être, aller, faire* et les verbes en -OIR : voir index p. 174)
Les terminaisons du futur :
JE… -AI, TU… -AS, IL/ELLE/ON… -A, NOUS… -ONS, VOUS… -EZ, ILS/ELLES… -ONT

C. L'imparfait = PRÉSENT avec NOUS + TERMINAISONS :
nous **mange**ons ➜ je **mange**ais
(sauf *être* : voir index p. 174)
Les terminaisons de l'imparfait :
JE… -AIS, TU… -AIS, IL/ELLE/ON… -AIT, NOUS… -IONS, VOUS… -IEZ, ILS/ELLES… -AIENT

D. Le passé composé = auxiliaire ÊTRE ou AVOIR + PARTICIPE PASSÉ

E. Le futur proche (ou composé) = auxiliaire ALLER + INFINITIF

F. Le participe présent = PRÉSENT avec NOUS + -ANT :
nous **mange**ons ➜ **mange**ant

G. Les verbes à l'infinitif en *-er* (sauf *aller* : voir index p. 174)
Les terminaisons du présent et du participe passé remplacent *-er* de l'infinitif :
— PRÉSENT : JE… -E, TU… -ES, IL… -E, NOUS… -ONS, VOUS… -EZ, ILS… -ENT
— PARTICIPE PASSÉ : -É

LES VERBES À CONJUGAISON PARTICULIÈRE

(Pour trouver facilement un verbe, voir l'index en bas de la page 174.)
Quand la conjugaison n'est pas notée complètement, vous pouvez la trouver à partir des éléments donnés et/ou des règles indiquées.
Exemple : pour le futur du verbe *être*, à partir de l'élément donné (je serai) et de la règle du paragraphe ci-dessus (B), vous pouvez trouver : *tu seras, il sera, nous serons, vous serez, ils seront.*

1. ÊTRE
Présent : je suis, tu es, il/elle/on est, nous sommes, vous êtes, ils/elles sont. **Futur :** je serai. **Imparfait :** j'étais. **Participe passé :** été. **Participe présent :** étant.

2. AVOIR
Présent : **j'ai**, tu as, il/elle/on a, nous avons, vous avez, ils/elles ont. **Futur :** j'aurai. **Imparfait :** j'avais. **Participe passé : eu. Participe présent :** ayant.

3. ALLER
Présent : je vais, tu vas, il/elle/on va, nous allons, vous allez, ils/elles vont. **Futur :** j'irai. **Imparfait :** j'allais. **Participe passé : allé. Participe présent :** allant.

4. FAIRE
Présent : je fais, tu fais, il/elle/on fait, nous faisons*, vous faites, ils/elles font. **Futur :** je ferai. **Imparfait :** je faisais*. **Participe passé : fait. Participe présent :** faisant*. (* Prononcer *-ai* comme *–e*.)

5. DIRE
Présent : je dis, tu dis, il/elle/on dit, nous disons, vous **dites**, ils disent. **Futur :** je dirai. **Imparfait :** je disais. **Participe passé :** dit. **Participe présent :** disant.

6. APPELER, S'APPELER, RAPPELER, ÉPELER
Présent : j'/il appelle, tu appelles, ils appellent. **Futur :** j'appellerai.

7. ACHETER, SE LEVER
Présent : j'/il ach**è**te, tu ach**è**tes, ils ach**è**tent. **Futur :** j'achèterai.

8. COMMENCER, S'EXERCER, PRONONCER
Présent : nous commen**ç**ons. **Imparfait :** je/tu commen**ç**ais, il commen**ç**ait. **Participe présent :** commen**ç**ant.

9. CHANGER, DÉRANGER, MANGER, VOYAGER
Présent : nous chang**e**ons. **Imparfait :** je/tu chang**e**ais, il chang**e**ait, ils chang**e**aient. **Participe présent :** chang**e**ant.

10. NEIGER
Imparfait : il neig**e**ait.

11. APPUYER, ESSAYER, PAYER, TUTOYER, VOUVOYER
Présent : j'/il essa**i**e, tu essa**i**es, ils essa**i**ent. **Futur :** j'essaierai.

12. CHOISIR, FINIR, SE RÉJOUIR, RÉFLÉCHIR
Présent : je/tu choisi**s**, il choisit, nous choisi**ss**ons, vous choisi**ss**ez, ils choisi**ss**ent. **Participe passé :** choisi.

13. DEVENIR, VENIR, REVENIR
Présent : je/tu viens, il vient, nous venons, vous venez, ils viennent. **Futur :** je viendrai. **Participe passé :** venu.

14. PARTIR, REPARTIR, SORTIR
Présent : je/tu pars, il part, nous partons, vous partez, ils partent. **Participe passé :** parti.

15. SERVIR
Présent : je/tu sers, il sert, nous servons, vous servez, ils servent. **Participe passé :** servi.

16. DORMIR
Présent : je/tu dors, il dort, nous dormons, vous dormez, ils dorment. **Participe passé :** dormi.

17. COURIR
Présent : je/tu cours, il court, nous courons, vous courez, ils courent. **Futur :** je courrai. **Participe passé :** couru.

18. OUVRIR
Présent : j'/il ouvre, tu ouvres, nous ouvrons, vous ouvrez, ils ouvrent. **Participe passé :** ouvert.

19. FALLOIR, VALOIR
Présent : il faut, il vaut, ils valent. Futur : il faudra, il vaudra. Imparfait : il fallait, il valait. Participe passé : fallu, valu.

20. DEVOIR, RECEVOIR
Présent : je/tu dois, il doit/reçoit, nous devons, vous devez, ils doivent/reçoivent. Futur : je devrai. Participe passé : dû, reçu.

21. PLEUVOIR
Présent : il pleut. Futur : il pleuvra. Imparfait : il pleuvait. Participe passé : plu.

22. POUVOIR
Présent : je/tu peux, il peut, nous pouvons, vous pouvez, ils peuvent. Futur : je pourrai. Participe passé : pu.

23. SAVOIR
Présent : je/tu sais, il sait, nous savons, vous savez, ils savent. Futur : je saurai. Participe passé : su. Participe présent : sachant.

24. VOIR
Présent : je/tu vois, il voit, nous voyons, vous voyez, ils voient. Futur : je verrai. Participe passé : vu.

25. VOULOIR
Présent : je/tu veux, il veut, nous voulons, vous voulez, ils veulent. Futur : je voudrai. Participe passé : voulu.

26. ÉCRIRE, DÉCRIRE, S'INSCRIRE
Présent : j'/tu écris, il écrit, nous écrivons, vous écrivez, ils écrivent. Participe passé : écrit.

27. LIRE, PLAIRE
Présent : je/tu lis, il lit, nous lisons, vous lisez, ils lisent. Participe passé : lu.

28. TRADUIRE, CONSTRUIRE
Présent : je/tu traduis, il traduit, nous traduisons, vous traduisez, ils traduisent. Participe passé : traduit.

29. SUFFIRE
Présent : **il/ça suffit.** Imparfait : suffisait. Participe passé : suffi. Participe présent : suffisant.

30. CROIRE
Présent : je/tu crois, il croit, nous croyons, vous croyez, ils croient. Participe passé : cru.

31. SUIVRE
Présent : je/tu suis, il suit, nous suivons, vous suivez, ils suivent. Participe passé : suivi.

32. VIVRE
Présent : je/tu vis, il vit, nous vivons, vous vivez, ils vivent. Participe passé : vécu.

33. BOIRE
Présent : je/tu bois, il boit, nous buvons, vous buvez, ils boivent. Participe passé : bu.

34. PRENDRE, COMPRENDRE, APPRENDRE, REPRENDRE
Présent : je/tu prends, il prend, nous prenons, vous prenez, ils prennent. Participe passé : pris.

35. ATTENDRE, DESCENDRE, ENTENDRE, DÉPENDRE, RÉPONDRE, VENDRE
Présent : je/tu réponds, il répond, nous répondons, vous répondez, ils répondent. Participe passé : répondu.

36. CONNAÎTRE, RECONNAÎTRE
Présent : je/tu connais, il connaît, nous connaissons, vous connaissez, ils connaissent. Participe passé : connu.

37. METTRE, PERMETTRE
Présent : je/tu mets, il met, nous mettons, vous mettez, ils mettent. Participe passé : mis.

38. SE PLAINDRE
Présent : je/tu plains, il plaint, nous plaignons, vous plaignez, ils plaignent. Participe passé : **plaint.**

INDEX DES VERBES

TABLE DES MATIÈRES

Couverture : h : Stone/F. Herholdt ; b : Pluriel/ASA

p.8 : Marco Polo/F. Bouillot ; p.9 : Marco Polo/F. Bouillot ; p.10g : The Image Bank/B. Erlanson ; p.10d : Marco Polo/F. Bouillot ; p.11 : Marco Polo/F. Bouillot ; p.12 : J.L. Charmet ; p.13 : Marco Polo/F. Bouillot ; p.15 : Marco Polo/F. Bouillot ; p.16h : Marco Polo/F. Bouillot ; p.16bg : Marco Polo/F. Bouillot ; p.16bd : Diaf/Th. Julien ; p.17 : Marco Polo/F. Bouillot ; p.18h : Rapho/J.M. Charles ; p.18b : Extrait de « Le Chat » de Philippe Geluck © Philippe Geluck/Casterman ; p.19hg, hd et b : Marco Polo/F. Bouillot ; p.19md : Ask Images/S. Labrunie ; p.20g : Hoa Qui/Ph. Roy ; p.20hm : Ask Images/E. Bartolucci ; p.20hd : Hoa Qui/J. Herault ; p.20bm : Ask Images/P. Wiedernehr ; p.20bd : Ask Images/S. Fautre ; p.21 : Marco Polo/F. Bouillot ; p.22 : Marco Polo/ F. Bouillot ; p.24 : © RATP/Image et Pub ; p.25hg : Marco Polo/F. Bouillot ; p.25hd : Stone/C. Hawkins ; p.25b : Jerrican/Gable ; p.26 : Marco Polo/F. Bouillot ; p.28 : Marco Polo/F. Bouillot ; p.29 : Explorer/Ch. Delpal © Adagp 2001 ; p.30h : Coll. Christophe L. ; p.30b : GF-Giraudon ; p.31hg et hd : Marco Polo/F. Bouillot ; p.31b : Gamma/A. Denize ; p.32 : Jerrican/P. Sautelet; p.33 : Marco Polo/F. Bouillot ; p.34 : Marco Polo/ F. Bouillot ; p.35 : Marco Polo/F. Bouillot ; p.36h : Marco Polo/F. Bouillot ; p.36b: Editions d'Art Jos, Le Doare, Chateaudun/D.R. ; p.37 : Marco Polo/F. Bouillot ; p.38 : Marco Polo/F. Bouillot ; p.42 : Marco Polo/F. Bouillot ; p.43hd : The Image Bank/R. Lockyer   p.43b : Marco Polo/F. Bouillot ; p.46hg et hd : Marco Polo/F. Bouillot ; p.46hm : Marco Polo/Ph. Halle ; p.46mg et mm : Marco Polo/F. Bouillot ; p.46md : Gamma/Apesteguy-Benainous-Duclos ; p.46bg : Gamma/F. Reglain ; p.46bd : Marco Polo/F. Bouillot ; p.48 : Marco Polo/F. Bouillot ; p.49 : Marco Polo/F. Bouillot ; p.50 : Jerrican/Fuste-Raga ; p.51 : Marco Polo/F. Bouillot ; p.52 : Marco Polo/ F. Bouillot ; p.53 : © European Commission ; p.57hg et hd : Marco Polo/F. Bouillot ; p.57b : Jerrican/Charron ; p.58 : Marco Polo/F. Bouillot ; p.59 : Marco Polo/F. Bouillot ; p.62 : Stone/ Th. Brase ; p.63 : Marco Polo/ F. Bouillot ; p.64 : Marco Polo/F. Bouillot ; p.69 : Marco Polo/F. Bouillot ; p.73 : Marco Polo/F. Bouillot ; p.74 : Diaf/A. Le Bot ; p.76 : Stone/R. Wells ; p.78 : Marco Polo/F. Bouillot ; p.80 : Collection Cinestar ; p.90 : Rapho/Yan ; p.91 : Collection Christophe L. ; p. 92 : Mairie de Saint-Dié Des Vosges ; p. 95 : Hoa Qui/D. Narbeburu ; p. 96 : Stone/R. Frerck ; p.100hg : Explorer/J.L. Bohin ; p.100hd : Hoa Qui/M. Renaudeau ; p.100b : Hoa Qui/C. Vaisse ; p.101 : Explorer/A. Casa ; p.103h : Jerrican/Rocher ; p.103bg : Explorer/R. Mattes ; p.103bd : Explorer/G. Boutin ; p.104h et bd : Maison Départementale du Tourisme de Seine et Marne ; p.104bg : Stone/L.A. Peek ; p.107g : Marco Polo/F. Bouillot ; p.107d : R.M.N./J.G. Berizzi ; p.109hg : Gamma/ F. Demange ; p.109 : Marco Polo/F. Bouillot ;

Explorer/Exroy ; p.109bd : Jerrican/Cohen ; p.110g : Stone/F. Siteman ; p.110d : Jerrican/Berenguier ; p.113 : Editions Rossat-Mignod / D. Vidalie ; p.115hg : The Image Bank/Bokelberg ; p.115hd : Jerrican/Ics ; p.115b : Marco Polo/F. Bouillot ; p.119 : R.M.N./Arnaudet-Scho ; p.120 : Marco Polo/P. Halle ; p.121 : Marco Polo/F. Bouillot ; p.122 : Marco Polo/F. Bouillot ; p.123 : Marco Polo/F. Bouillot ; p. 125 : Marco Polo/F. Bouillot ; p. 126 : Marco Polo/F. Bouillot ; p. 128 : Marco Polo/F. Bouillot ; p. 130 : Bernand/Gely ; p. 131g : Marco Polo/ F. Bouillot ; p.131d : The Image Bank/Barros & Barros ; p. 137g : Gamma/Romaniello-Olympia ; p.137m et d : Marco Polo/F. Bouillot ; p.138g : Gamma/Liaison/Mingasson ; p.138mg : SDP/Mauritius ; p. 138md : Gamma ; p. 138d : Gamma/Liaison ; p. 139 : Marco Polo/F. Bouillot ; p. 142h : Oregon Scientific ; p. 142b : Marco Polo/ F. Bouillot ; p. 143g : The Image Bank/ Katz Mori ; p. 143hd et bd : Marco Polo/F. Bouillot ; p. 145 : Jerrican/De Hogues ; p. 146 : Marco Polo/F. Bouillot ; p.147 : Collection Kharbine Tapabor ; p. 148 : Dessin de Sempé, extrait de "La grande panique" © Editions Denoël ; p. 149g : Ask Images/K. A. de Gendre ; p. 149m et d : Roger-Viollet.

Édition : Martine Ollivier
Conception graphique : Daniel Musch
Mise en page : Martine de Cagny
Couverture : Daniel Musch
Illustrations : Frapar
BD : Sandro Masin
Cartographie : Graffito
Recherche iconographique : Nadine Gudimard
Coordination artistique : Catherine Tasseau

Imprimé en Italie par Grafica Editoriale Printing S.r.l. Bologne (Italy)

N° éditeur 10075639 (I) 20 CSBR 90 Janvier 2001